武帝文教与史家笔法

《史记》中高祖立朝至武帝立教的大事因缘

董成龙 著

华东师范大学出版社

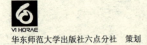
华东师范大学出版社六点分社　策划

本书由上海文化发展基金会图书出版专项基金资助出版

谨以此书纪念"五四"运动 100 周年

关注中国问题
重铸中国故事

缘　　起

在思想史上,"犹太人"一直作为一个"问题"横贯在我们的面前,成为人们众多问题的思考线索。在当下三千年未有之大变局中,最突显的是"中国人"也已成为一个"问题",摆在世界面前,成为众说纷纭的对象。随着中国的崛起强盛,这个问题将日趋突出、尖锐。无论你是什么立场,这是未来几代人必须承受且重负的。究其因,简言之:中国人站起来了!

百年来,中国人"落后挨打"的切肤经验,使我们许多人确信一个"普世神话":中国"东亚病夫"的身子骨只能从西方的"药铺"抓药,方可自信长大成人。于是,我们在技术进步中选择了"被奴役",我们在绝对的娱乐化中接受"民主",我们在大众的唾沫中享受"自由"。今日乃是技术图景之世界,我们所拥有的东西比任何一个时代要多,但我们丢失的东西也不会比任何一个时代少。我们站起来的身子结实了,但我们的头颅依旧无法昂起。

中国有个神话,叫《西游记》。说的是师徒四人,历尽劫波,赴西天"取经"之事。这个神话的"微言大义":取经不易,一路上,妖魔鬼怪,层出不穷;取真经更难,征途中,真真假假,迷惑不绝。当下之中国实乃在"取经"之途,正所谓"敢问路在何方"?

取"经"自然为了念"经",念经当然为了修成"正果"。问题是:我们渴望修成的"正果"是什么?我们需要什么"经"?从哪里"取经"?取什么"经"?念什么"经"?这自然攸关我们这个国家崛起之旅、我们这个民族复兴之路。

清理、辨析我们的思想食谱,在纷繁的思想光谱中,寻找中国人的"底色",重铸中国的"故事",关注中国的"问题",这是我们所期待的,也是"六点评论"旨趣所在。

点　点
2011.8.10

玉不琢,不成器;人不学,不知道。是故古之王者,建国君民,教学为先。

——《礼记·学记》

孔子登东山而小鲁,登泰山而小天下,故观于海者难为水,游于圣人之门者难为言。观水有术,必观其澜。

——《孟子·尽心上》

原夫载籍之作也,必贯乎百氏,被之千载,表征盛衰,殷鉴兴废,使一代之制,共日月而长存,王霸之迹,并天地而久大。是以在汉之初,史职为盛。

——刘勰,《文心雕龙·史传》

问征夫以前路,恨晨光之熹微。

——陶渊明,《归去来兮辞》

Contents 目录

- 1 　何谓世界历史的中国时刻（刘小枫）

- 1 　第一章　引言：阅读司马迁

- 20 　第二章　黄帝为首：纪元与土德
- 20 　一、五帝之首
- 23 　二、修德振兵

- 29 　第三章　秦亡汉兴：秦制与黄老
- 29 　一、周秦之际：文敝峻法
- 39 　二、汉朝祖制：秦德秦制
- 55 　三、惠吕顺守：黄老之术

- 65 　第四章　黄老之学：人世与刑名
- 65 　一、老子的人世论
- 68 　二、黄老的刑名说
- 77 　三、阴谋：修德与逆德

- 84 　第五章　文景之治：无为而有为
- 84 　一、汉家重定

- 96　二、改德变法
- 103　三、德位之辩

114　第六章　武帝立教:"且战且学仙"

- 114　一、文学风教
- 121　二、儒生酷吏
- 129　三、推恩削藩
- 136　四、封禅改德

146　第七章　史迁之志:立教与古今之变

- 146　一、欲与仁义
- 155　二、时与世
- 162　三、复古更化

174　主要参考文献

179　索引

189　后记

何谓世界历史的中国时刻

刘小枫

moment[时刻]注定要成为我们这个时代的历史标志,这不仅是因为黑格尔用这个语词所标明的世界历史新阶段已经成为中国的经历,或者不易辨识的"马基雅维利时刻"正在向我们抛出难以抵御的媚眼。毋宁说,古老中国的晚近150年历史清楚表明,新中国的崛起的确堪称世界历史的又一个 kairos[关键时刻]。

问题在于,对谁来说以及从何种意义上说,当今时代堪称世界历史的又一个 kairos[关键时刻]? 显然,对不同的智识人来说,即便共同撞上同一个 kairos[关键时刻],其含义可能会完全不同。

董成龙博士称自己的这本小册子《武帝文教与史家笔法》"着实是一篇关于《史记》的读书报告"。① 表面看来的确如

---

① 董成龙,《武帝文教与史家笔法:〈史记〉中高祖立朝至武帝立教的大事因缘》,上海:华东师范大学出版社,2019,页192(以下随文注页码)。

此,但读者恐怕很难把此书仅仅视为一篇读书报告。毕竟,作者在题为"引言:阅读司马迁"的第一章结尾时如是说:

> 草此小书,以汉朝的立朝与立教为线索,贯通《史记》的叙事和司马迁的关切;重整这一笔法及其背后的心法,或为在世界历史的中国时刻思考立朝和立教的问题聊备一说亦未可知。(页19)

很清楚,作者在今天读《史记》意在因应"世界历史的中国时刻"。可是,在上面这段表述中,"立朝和立教"作为问题出现了两次,第一次有"汉朝的"界定,第二次没有。按具有世界历史视野和历史哲学眼力的政治思想史大家沃格林(1901—1985)的说法,高祖立朝至武帝立教的时代同样堪称世界历史的中国时刻。① 成龙博士究竟要"思考"哪个时代的"立朝和立教",显得刻意含糊其辞。在上引那段话之前,作者还说:

> 司马迁生逢立朝60余年,国朝业已展开关于德性标准问题的大讨论,并最终于汉武帝时期形成有关若干历史问题的决议和德性的定位,从而规范了汉朝以后的国朝道路,这一道路甚至成为以后中国历朝"超稳定结

---

① 沃格林,《天下时代》,叶颖译,南京:译林出版社,2018,页372(以下随文注页码)。

构"的规范之一。(页18)

在整篇"读书报告"中,此类修辞或语式不时可见。① 很明显,作者刻意将相隔两千多年的**两个世界历史时空中的中国时刻**叠合起来,以便思考这样的问题:当今我们身处的历史时刻与武帝—司马迁的**历史时刻**有怎样的**政治思想史**关联。

人们难免会问:世界历史上的古今两个中国时刻可以叠合起来思考吗? 这样的疑问其实来自作者自己,因为他在开篇就说:自"**泰西政教澎湃东来,华夏大地与产自欧洲的现代国际体系不期而遇**"之后,"**摆在时人面前的首要任务是,我们该如何走出中世纪**"(页1)。既然如此,若把世界历史中的两个中国时刻叠合起来看,那么,作者希望今天的我们关切什么值得思考的问题呢?

作者通过体味《史记》书法并追索司马迁的心法,并非仅仅呈现了自己的深切思考。毋宁说,作者把司马迁请回当代,敦促我们反省自己含混的历史意识,缕清自己赖以理解眼下身处的古今之变的政治觉悟。

一 立教时刻与政治史学意识

"立教时刻"是本书的首要关键词,就字面含义而言,它

---

① 比较页18—19,页26—27,页44—46,页54,页137—138。

指的是汉武帝形塑中华帝国的那个历史时刻。由于我们的历史时刻面临的"首要任务"是"该如何走出中世纪",汉武帝所形塑的中华帝国形态就是我们应该走出的历史形态。倘若如此,我们面临的首要问题便是如何理解或评价历史上划时代的华夏君王。①

在我国传统帝王谱系中,汉武帝早有"雄才大略"、承"三代之风"(班固语)的美誉。毛泽东的光辉词作《沁园春·雪》具有世界历史的现代视野,武帝在他笔下仅仅是"略输文采",其武功至伟毋庸置疑。但是,在一百年前的新文化运动时期,武帝几乎成了中国历史上的大罪人:他"独尊儒术",使得中国式"君主专制"政体延续长达两千年之久,罪莫大焉。在现代中国的世界历史时刻,武帝一度成了史家笔下的鞭尸对象,甚至其赫赫武功也遭贬低。据说,专制君主的种种毛病在他身上已经显露无遗。②

史家贬低汉武,并非现代才有的事情。宋代大政治家司马光在《资治通鉴》中痛斥武帝"穷奢极欲,繁刑重敛,内侈宫室,外事四夷,信惑神怪,巡游无度,使百姓疲敝,起为盗贼",几乎与暴虐的秦始皇相差无几。今天的我们没想到,若干年前,事情一下子变得复杂起来:当今史学界名家辛德勇

---

① 比较页21和页102,作者在那里提到20世纪中国的两件重大政治实事。
② 吕思勉,《中国的历史》(1920),北京:新世界出版社,2016,页72—74。

教授出版了名为《制造汉武帝》的小册子,"试图揭示司马光编纂《资治通鉴》时为达到其政治目的而径随己意构建历史的情况。"①

此事的起因是,曾有某位德高望重的古史学家凭靠《资治通鉴》的记载认为,武帝晚年临逝前曾经转变治国理念,不再"横征暴敛、穷兵黩武",并下诏"罪己"。在晚近的标准国史大纲中可以看到,这事似乎成了武帝应当享有历史美名的证据。② 经过现代启蒙洗礼的我们难免心生疑窦:天底下真有这样了不起的君王?

德勇教授以令人赞叹的考证功夫让我们看到,下诏"罪己"这件事纯属司马光"随心所欲构建史事"的编造。不过,志在澄清史事的德勇教授颇有分寸地告诉读者,他的考证结果至多"可以很负责任地告诉学生,至少就《通鉴》的西汉部分而言,不具备一般意义上的史料价值"(《制造汉武帝》,页2)。

如今的大学生恐怕不会像史学名家那样有分寸感,他们也不知道司马光罗织的武帝所犯下的那些罪行是否同样"不具备一般意义上的史料价值",难免会因此对司马光这样的历史思想家留下负面印象。这位大政治家为了达到其政治目的竟然随心所欲编造史事,令人不齿。按现代的政治觉悟

---

① 辛德勇,《制造汉武帝:由汉武帝晚年政治形象的塑造看〈资治通鉴〉的历史建构》,北京:三联书店,2015,页1(以下随文注页码)。
② 蔡美彪,《中华史纲》,北京:社会科学文献出版社,2012,页58。

或历史意识,这类政治目的不外乎是为专制服务。大学生们一般没谁会进一步去想,为何司马光明知武帝一生"穷奢极欲,繁刑重敛",还要编造他临终前下诏"罪己"的事儿。

武帝治国"繁刑重敛",似乎崇尚法术,而晚年下诏"罪己",又显得深谙儒术。据说,公元前136年,武帝在宫廷设立了五经博士,10多年后又指定50名太学生跟从五经博士修习儒术,无异于"创办了一所国立大学"。据此,美国哈佛大学的中国古代史名家费正清说:

> 汉武帝差不多像秦始皇一样是个完全信奉法家的君主,可是人们一般认为,在他统治时期,儒学成为了中国官廷中占统治地位的哲学。①

言下之意,武帝表面上致力于建构儒家意识形态,骨子里却施行法家式的统治。当今古史学家的说法没谁会凭空捏造,个个言有所本。《史记》的写作年代最接近武帝的时代,想必是当今古史学家凭靠的第一手史料。事情的复杂性在于,我国古代的史家讲究"书法"。《制造汉武帝》最后一章以民国初期学人李笠的《史记补订》起笔,按这位史学家的眼力所见,《史记》书法可归纳为12条通例。其中一例为

---

① 费正清、赖肖尔,《中国:传统与变革》,陈仲丹等译,南京:江苏人民出版社,1992,页71,比较页72—73。

"叚托",意即"史贵详实,然亦有意主形夸,词务奇谲者,不可以循名而责实也"(《制造汉武帝》,页159)。

德勇教授由此引出一件史实:汉武帝从未独尊儒术,其治国理念实为"以霸王道杂之"。"元帝继位以后,才从根本上改变了这样的指导思想,纯用儒家理念治国,从而真正转向所谓'守文'之路"。德勇教授还让我们看到,只要史家志在搞清史实,就不难看到这一点:从明代至今,都不乏这样的史家眼力(《制造汉武帝》,页171—172)。

武帝崇尚儒术,见于好些中外古史学家撰写的中国通史。大名鼎鼎的内藤湖南(1866—1934)说:"文景是黄老之学加名家、法家,而武帝则非常喜好儒学"。① 现在我们得知,即便是名家的说法也未必可信。不过,无论武帝是否真的推崇儒术,后世的史家似乎一致认为,崇尚儒术等于好政治(德政),崇尚法术等于坏政治(酷政)。

当然,按新文化运动的观点,"独尊儒术"也是坏政治,几乎与"专制"是同义词,这意味着古代中国没有好政治。历史已翻过新文化运动这一页,广义上的中国古代政治传统至少在名义上已恢复了名誉。那个古老的问题再度出现,即如何理解汉初立朝和立教所经历的从黄老之术治国到儒术

---

① 内藤湖南,《中国史通论》,夏应元译,北京:社会科学文献出版社,2004,页170;比较蔡美彪《中华史纲》,前揭,页50;伊佩霞(P. B. Ebrey),《剑桥插图中国史》,赵世瑜等译,济南:山东画报出版社,2002,页44。

治国的转移。《道德经》由"道"引出"德",韩非子讲法术或君王术本于"解老"和"喻老",何以崇尚法术就不是"德"政?

这个问题让人挠头,但作者的"读书报告"仅用了一章篇幅(第四章)来处理。作者关切的核心问题是:"汉武帝有立教之名却未能真正导民以德,司马迁对此颇有微词"(页14)。言下之意,司马迁已经看出,武帝崇儒不是真的。"读书报告"最后一章临近结尾时,作者眼里的司马迁对武帝的立教已经不是"颇有微词",而是重笔挞伐:

> 汉武帝立教改制,远不能重光黄帝(五德说),中不能复返周文(三统说),唯取近道,使秦时政法易名重现。司马迁痛心疾首的正在于汉武帝的立教事业,原本应当改制,然而不过以改制之名将秦制坐实为汉朝家法,使汉朝一方面不必再纠缠于汉承秦制与代汉而起的新朝论证,另一方面又实际延续了秦制。汉武帝虽有推行"复古更化"之名(《盐铁论·复古》),却既未"任德教",更没有"复古"。(页168)

看来,作者的观点与《制造汉武帝》的说法似乎并无不同。因为,作者笔下的司马迁认为,武帝仅仅表面上装得来致力扭转其先王*以法术治国*的 60 年传统,实际上他比其先辈更为彻底地回到了"繁刑重敛"的秦代。作者紧接着就说:

如果非要说是复古的话,那也不过是复辟秦制而已。只不过,此次不是沿用秦制,而是用隐微手法为秦制提供了儒术的论证,"以儒术缘饰文吏"。此后,以法立国,以儒文明,成为共识。后世遂有"中国法律的儒家化"(瞿同祖)或"儒学的法家化"(余英时)的说法。先王乐教所带有的"情深而文明"(《史记·乐书》)的厚德状态再无可能。(页168—169)

"隐微手法"这顶帽子扣得未必恰当,作者若要描述武帝的"手法",也许用我们所熟悉的修辞更准确:这就是**形右而实左**,与我们曾经万分警惕过的形左而实右恰好相反。

无论如何,"独尊儒术"不再是一个历史罪名,应该背负历史罪名的是**阳儒阴法**传统。作者最后还说:"由此,才有了20世纪革命时期转身回望的斩截之论。"这无异于说,20世纪中国革命的正当性在于反阳儒阴法传统。作者引用为戊戌变法献出了生命的**谭嗣同**的话为证:

> 二千年来之政,秦政也,皆大盗也;二千年来之学,荀学也,皆乡愿也。(谭嗣同,《仁学》)

笔者相信,在熟悉中国思想史或政治史的行家眼里,如今谁要说中国"二千年来之学,荀学也,皆乡愿也",肯定会被视为学无根柢的**不知所谓**。但是,"中国法律的儒家化"

或"儒学的法家化"之类的说法又能好到哪里去呢?

关于中国政治传统的现代式概括的说法多种多样,作者仅引述这三种说法恐怕颇具用心。如此引述实际上让现代中国进入眼下的世界历史时刻的百年历程跃然纸上:从戊戌变法经新文化运动到改革开放初期。若当今的博士生熟悉谭嗣同(1865—1898)之后的瞿同祖(1910—2008)和余英时(1930—)的学术经历,以及《中国封建社会》(1937)和《士与中国文化》(1987)两书在当时所产生的适时影响,那么,他们不假思索也会知道自己接下来该做什么——如果他多少有些政治正确的史学意识的话。

与开篇关于"该如何走出中世纪"的说法相呼应,作者似乎暗示:即便如今为儒术恢复了名誉,不等于今天的我们还应该或能够回到"中世纪"。毕竟,"中世纪"这个世界史术语并非仅仅指欧洲的中古时期或中国古代的"封建专制"时期。据笔者所知,在改革开放初期,它也被以古喻今地用来指现代中国的某个历史时刻,而且,如此用法迄今仍具有广泛的潜在影响。① 倘若如此,作者的意思就很可能是说:即便如今为新法术恢复了名誉,也不等于还应该或能够回到那个"中世纪"。

凭靠这种"走出中世纪"的政治史学意识,作者才看出

---

① 比较朱维铮,《走出中世纪》,上海:上海人民出版社,1987;(增订本)上海:复旦大学出版社,2007/2009;北京:中信出版社,2018;朱维铮,《走出中世纪二集》,上海:复旦大学出版社,2008。

司马迁对武帝"颇有微词"的"笔法"吗?

> 司马迁于立教事宜心有戚戚,笔法曲折,分散于《史记》各处,汇总而观,才可能看到他在立教时刻的史家笔法。(页14)

在笔者看来,这话也适用于作者自己:他对当今世界历史的中国时刻的立教事宜心有戚戚,但笔法曲折,分散于笔记各处。表面看来,作者是在重述《史记》的**历史叙述**(上起黄帝,下至汉武),实际上心有戚戚的是世界历史的中国时刻的德性问题。作者说,司马迁把配享土德的黄帝作为五帝之首,无异于设立了"人世历史"的起点和原则,汉武帝改汉德为土德与此首尾呼应。在此框架下,司马迁铺展了涵盖黄帝(太古)、秦始皇(中古)、汉初先帝(近古)与汉武帝(当朝)的多重古今之变(页14)。周秦之变堪称古代中华帝国经历的第一次古今之变,如果这次古今之变确立了阳儒阴法的传统,那么,要真正实现从秦法治国到儒术治国,就有待于当今世界历史的**中国时刻**。

作者的笔法曲折,仅举一个例子就可见其一般。在作为"引言"的第一章中,作者说《史记》虽然从黄帝起笔,但司马迁的思考实际聚焦于两大古今之变:**周秦之变和秦汉之变**,而"这两大古今之变,贯穿着立朝与立教两条线索"(页7)。这时,作者下了一个脚注,以此证明五帝本纪的历史叙述无异于开启了立朝与立教两大事业的论题,而这个论题与其说属于**史学**性质,不如说具有**政治哲学**意味。

坦率地说,这个脚注让笔者看得心惊肉跳:被作者用作证言的竟然是马基雅维利(1469—1527)的说法和新法术时期的"四个伟大"叙事!在接下来的正文中,作者又说:

> 周朝末年和秦朝末年频频有德性讨论,其实是在问立朝之后的立教问题,如果不能提供新的教化,国朝如何真正立得起来?(页8)

把这段话与下一小节开篇的说法联系起来看又会怎样呢?

> 立教是确立官奉学说、改正朔,要害在立德。立朝而不立教,则无法导民以德,延绵政权。(页13)

这类分散于笔记各处的说法暗中指向了一个**幽暗的政治史学**问题:何谓**新**的政治方式或制度。马基雅维利提出这个政治哲学问题,凭靠的是**重述李维笔下的罗马史**。① 这与我们的作者重述司马迁笔下的**中华史**有什么差别吗?

---

① 比较曼斯菲尔德,《新的方式与制度:马基雅维利的〈论李维〉研究》,贺志刚译,北京:华夏出版社,2009。

国家出版机关并未规定,书名得配上汉语拼音或译成英文,作者却附上了拉丁语译名,让人联想到罗马帝国式的通用语。不仅如此,在"读书报告"中,作者频频给重点字词附上各色洋文。说到"西方思想以'首'为'起点'和'原则'"时,用括弧为"首"字加了拉丁字母转写的希腊文 arche(页20),算得上名正言顺。但说到"宰我此问颇为'张狂'"时,作者用括弧为"张狂"加了拉丁字母转写的希腊文 hubris(页26),就意在汇通中西了。① 与钱钟书式的中西语句汇通相比,如此笔法的政治史学意味恐怕只能说是大异其趣。

作者的"读书报告"共七章,"引言"并未如常见的那样独立出来,而是作为第一章,似乎要凑足"七"这个神秘之数。倘若如此,夹在中间的一章(第四章)虽然篇幅最短(除作为引言的第一章外),其论题就具有隐藏意味,它恰好涉及崇尚法术何以不是"德"政的问题。

一旦意识到这一点,这一章最后一节说的"事情"就值得我们仔细品味:"阴谋"可用于"修德"也可用于"逆德"。因此,"阴谋修德"还是"阴谋逆德",端在于"在位者如何确立国朝德性,从而形塑国朝道路,避免僵化老路和易帜之危"(页83)。

---

① 诸如此类的汇通贯穿全书:在说到"颠覆某个政权"时,用括弧为"颠覆"一词加了英文 upside down(页79);提到"统治秘术"时,用括弧附上了拉丁语 arcana imperii(页117);在引用"迂远而阔于事情"时,用括弧为"事情"一词加了英文 condition(页157);在说到司马迁批评秦朝"议卑而易行"时,用括弧附上英文 low but solid ground(页160)。

19世纪后期的著名世界史学家布克哈特(1818—1897)以关注西方的古今之变著称。在他眼里,西方的古今之变有四次:希腊古典时期的希波冲突以及苏格拉底的立教为第一"变",君士坦丁打造第二罗马帝国及其立教为第二"变",意大利文艺复兴时期的人文主义者的立教为第三"变",最后是以法国大革命的立教为标志的第四"变"。

关于前三个古今之变,布克哈特都留下了传世之作。① 关于第四次古今之变的史学思考,布克哈特虽然没有写书,但他在巴塞尔大学开设的题为"革命年代的历史"讲座课程(1859)留下的讲稿足有4百多页,与专著没什么差别。②

无论中国还是西方历史上的古今之变,实质问题都是立教而不是立朝。人类有文史可查的三千年文明史,各色政体立朝之数不可数,立教之数则可数。与西方相比,中国虽然古老,所遭遇的古今之变没那么多。自周代奠立帝国雏形以来,中华帝国经历过的真正算得上古今之变的历史时刻,严

---

① 布克哈特,《君士坦丁大帝的时代》,朱立宏等译,上海:上海三联书店,2006;布克哈特,《意大利文艺复兴时期的文化》,何新译,北京:商务印书馆,1979。三卷本《古希腊文化史》在布克哈特生前并未刊印,由布克哈特的侄子编辑出版(权威考订本 Jacob Burckhardt, *Griechischer Kulturgeschichte*,三卷本,Rudolf Marx 编,Stuttgart,1952)。中译本依据英文节译本迻译:布克哈特,《希腊人和希腊文明》,王大庆译,上海:上海人民出版社,2008。

② Ernst Zeigler 编, *Jacob Burckhardts Vorlesung über die Geschichte des Revolutionszeitalters*, Basel/Stuttgart,1974。法国大革命之后,西方思想界对革命成因的反思,直到20世纪也还没有达成共识。参见 Alfred Cobban, *Historians and Causes of the French Revolution*,修订版,London,1958。

格来讲仅有两次:第一次在东周至汉代初期,"秦政的历史教训不在于立朝的武力选择,而在于没有着手立教"(页49)。第二次在19世纪末至当今,"五四"时期"打倒孔家店"的口号表明,汉代一朝立教就延续了两千多年。

既然作者把古代和现代的古今之变叠合在一起思考,并以"世界历史的中国时刻"作为关键性的历史背景,我们就值得搞清武帝和司马迁所面对的国际政治处境和国内意识形态处境与今天有何异同。不澄清这两个问题,我们没可能恰切理解作者所理解的"世界历史的中国时刻"的具体含义。

二 武帝西征与世界史上的第一次世界大战

"读书报告"第六章专论武帝,题目是"武帝立教:'且战且学仙'"。标题中的引文来自司马迁,但作者在行文中则说,"汉武帝一边着手平定四夷,一边着手立教事业,希望两手抓两手都要硬"(页138)。笔者感到好奇:"学仙"可以等同于抓"立教事业"而且手段还"硬"?

这个问题属于武帝如何处理国内意识形态,留待下节再说。先看国际政治问题:如果平定四夷堪称武帝的伟大历史功绩,那么,又该如何看待后人指责他"横征暴敛、穷兵黩武"?

翻开《匈奴列传》即可看到,从周代之初至汉初,匈奴边患从未间断。《匈奴列传》的叙述几乎与周代以来的华夏史平行,或者说,匈奴"侵盗暴虐中国"伴随着中华帝国的艰难成长。"筑长城以拒胡"起自战国后期(与匈奴为邻的燕、赵、秦三国皆筑长城),而非秦始皇重建中华秩序之后。换言之,趁华夏共同体长期内战,匈奴集团从未放过扩张辖地和控制华夏之机。

"汉初定中国"时,匈奴集团即夺取高祖分封给韩王的代郡(今山西北部),并随即攻太原深入晋阳(今太原西南)。头脑缺乏谋略的高祖亲率32万大军应敌,冒顿40万大军佯败,退至平城(今大同市东北),设伏将率少数人马尾追冒进的高祖包围于白登山(今山西定襄县)一带。① 高祖被困七日不敌,修书与匈奴提出结"和亲之约"做友好睦邻。冒顿并未因高祖提出"和亲"而罢兵,由于韩王信手下投降匈奴的两位部将答应合围高祖却迟迟未到,冒顿怀疑"其与汉有谋",才"解围之一角"放高祖一马(《匈奴列传》)。

今天的一些史书说,从此汉初因"和亲"之策而享有60年安宁。看《匈奴列传》才知道,情形绝非如此。"和亲"之策并未解除匈奴不断犯边之患,相反,由于国内政局不稳,时有汉将降匈奴,冒顿多次背约,"常往来侵盗"。至"吕太后时,汉初定",冒顿仍然骄横,"高后欲击之",诸将领畏敌不

---

① 参见许盘清编,《史记地图集》,北京:地震出版社,2017,页339—340。

前,中央只得继续推行"和亲"之策。文帝继位后起初仍持"和亲"之策,因匈奴继续入侵"杀略人民"才断然用兵进击,甚至亲临太原前线。

次年,冒顿修书致文帝,提出复修和亲之事,司马迁全文引述了这封满篇和平友好言论的国书。根据司马迁在前面对冒顿好用计谋的描述,我们不难体会到,冒顿复修和亲之议八成是缓兵之计。中央开会讨论"击与和亲孰便",因畏惧匈奴而主张"不可击"的论调占了上风,文帝只得接受冒顿复修和亲之议。

冒顿驾崩后,继任单于并未改弦更张:

> 汉孝文皇帝十四年,匈奴单于十四万骑入朝那、萧关,杀北地都尉印,虏人民畜产甚多,遂至彭阳。使奇兵入烧回中宫,候骑至雍甘泉。(《匈奴列传》)

为防御匈奴进击长安,文帝甚至"发车千乘,骑十万"守备京畿。这样的国家状态若称得上"安宁",只会是苟且偷安,迟早会被颠覆。文帝不得不再次主动出击,但他仅仅将匈奴"逐出塞即还,不能有所杀"。

> 匈奴日已骄,岁入边,杀略人民畜产甚多,云中、辽东最甚,至万余人。汉患之,乃使使遗匈奴书。单于亦使当户报谢,复言和亲事。(《匈奴列传》)

文帝加强戍边，派重兵防御匈奴，至"景帝复与匈奴和亲，通关市，给遗匈奴，遣公主"。若这就是"文景之治"的基础，那么，在今天看来，"文景之治"未必值得称道。武帝继位后对匈奴采取强硬方针主动进击，不能不说是英明之举。

如今的通史类史书会*大而化之*地告诉我们：公元前129年，武帝发兵进击匈奴，历时近20年，取得了一系列重大军事战果：先夺取今内蒙河套地区，后控制河西走廊（公元前121年设立武威、酒泉两郡，公元前111年设张掖、敦煌两郡），先后移民70万，中华帝国的西北防线由此推至漠北塔里木盆地一带。

与《匈奴列传》对观，我们会发现这样的概括实在太过*掉以轻心*。按司马迁的记叙，武帝为了控制河西走廊，曾与匈奴反复交手较量，战况惨烈，绝非轻易而得。即便设酒泉、燉煌郡后，匈奴右贤王亦曾"入酒泉、张掖，略数千人"。用今天的话来说，武帝最终把河西走廊纳入疆域，是无数华夏先辈用鲜血和生命换来的。

我们的作者说，司马迁虽然充分肯定武帝主动打击匈奴的国策，但他恰恰又在《匈奴列传》中说武帝"建功不深"。如此笔法表明，对司马迁来说，征服匈奴还不能代替"兴起'圣统'"即抓立教的事业（页147）。笔者对这一说法感到好奇，特别细看《匈奴列传》的结尾：

> 太史公曰：孔氏著《春秋》，隐桓之间则章，至定哀

之际则微,为其切当世之文而罔褒,忌讳之辞也。世俗之言匈奴者,患其徼一时之权,而务谄纳其说,以便偏指,不参彼己;将率席中国广大,气奋,人主因以决策,是以建功不深。尧虽贤,兴事业不成,得禹而九州宁。且欲兴圣统,唯在择任将相哉!唯在择任将相哉!

这段结语文意曲折,的确有看头。司马迁先提到孔子的春秋笔法,无异于公开而非隐晦地告诉读者,《匈奴列传》即按此笔法写成。随之司马迁就让读者看到,自己如何"刺武帝",而后世之人也很容易看出,他指责武帝"谄纳小人浮说,多伐匈奴,故坏齐民"(《史记·正义》)。换言之,就"刺武帝"而言,司马迁的笔法谈不上有什么"忌讳",而是明确认为:即便打击匈奴实属必要,也没必要"多伐",以至于国民生活一塌糊涂——这就与"横征暴敛、穷兵黩武"的后人评价对得上了。

最后一句将"兴圣统"与"择贤将相"联系起来,令人费解。毕竟,"择贤将相"属于立朝而不是立教事业:立朝不稳,何以立教?"唯在择任将相哉"这个感叹句重复了一次,可见司马迁痛心疾首,堪称切当世之言。回头再看《匈奴列传》,的确有让人感到蹊跷之处。

司马迁写到,景帝坚持不懈地采取和亲政策取得了成效,至景帝终,匈奴仅仅"时小入盗边,无大寇"。

> 今帝即位,明和亲约束,厚遇,通关市,饶给之。匈奴自单于以下皆亲汉,往来长城下。

言下之意,若武帝坚持和亲政策(用儒术),匈奴未必不会与新生的中华帝国和睦相处下去。可是,武帝随后就设计了一项剪灭匈奴主力的战役方案(用法术):设30万伏兵于马邑城(今山西朔县),用欺骗手段让单于以为能轻易取得马邑,趁单于"以十万骑"前来时一举灭之。单于上钩,但"未至马邑百余里,见畜布野而无人牧者",起了疑心,加上被俘的雁门尉史告密,武帝的谋略未能得逞。司马迁紧接着就说:

> 自是之后,匈奴绝和亲,攻当路塞,往往入盗于汉边,不可胜数。

这是不是说,武帝用"谋"反倒断送了景帝的和亲政策所打造的与匈奴的和睦关系呢?或者,这是否就是司马迁所谓"兴圣统"却"建功不深"的意思呢?如果司马迁是所谓敦厚之儒,那么,这种情形并非没有可能。但我们值得注意到,司马迁颇为详细地记叙了冒顿(公元前209—前174)的崛起:他"尽诛其后母与弟及大臣不听从者""自立为单于",而"是时汉兵与项羽相距,中国罢[通"疲"]于兵革,以故冒顿得自彊,控弦之士30余万"(《匈奴列传》)。换言之,趁中国改朝换代之机,冒顿企图扩大汗国疆域,吞并中国(笔者不得不想到20世纪20年代的日本)。

> 至冒顿而匈奴最疆大,尽服从北夷,而南与中国为敌国。(《匈奴列传》)

既然如此,这时的汉朝中央若有人一再主张和亲,就会让今天的我们想起汪精卫之流。无论如何,我们很难设想,司马迁会迂腐到不懂得实际政治是怎么回事。

"汉初定中国"时的60年间,国内政局尚未完全安定,匪患和叛乱时有发生,而国际处境则相当险恶:冒顿的汗国正在积极扩张试图建立区域霸权。笔者不禁想起自己的亲身经历:1969年秋,笔者刚上初中,学校马上进入一级战备,第一周的课程是原子弹防护知识、步兵打坦克法和战地救护伤员。随后野营拉练整整两个月,虽然每天累得脸色惨白,但笔者如今绝没有理由说,这会带来"坏齐民"的结果。毋宁说,一边着手以新法术抓立教事业,倒可能会有如此结果。但话说回来,以这种方式抓立教事业,似乎又恰恰是因国际处境险恶所迫。

1978年秋,笔者走进大学校门,一个学期即将结束之际,与校为邻的13军某野战师驻地突然一夜之间人去楼空,再也听不见每日已经熟悉的作息军号声。三个月后,一场西南边境自卫反击战就打响了。随后,苏联的十万大军进入中亚腹地阿富汗,扶植起一个附庸政权,从地缘战略地图上看,似乎在侧应越南凭靠武力建立"印度支那联邦"。如今的我们很少有人愿意记得,新中国直到 1989 年才实际解除战争状态。当代的史家心里都清楚,戈尔巴乔夫得以访华的前提条件有两条:第一,不再支持越南建立"印度支那联邦"的企图,第二,苏军撤离中亚腹地阿富汗。

在《天官书》中,司马迁如此描述武帝鼎定国疆时的天象:

> 汉之兴,五星聚于东井。平城之围,月晕参、毕七重。诸吕作乱,日蚀,昼晦。吴楚七国叛逆,彗星数丈,天狗过梁野;及兵起,遂伏尸流血其下。
>
> 元光、元狩,蚩尤之旗再见,长则半天。其后京师师四出,诛夷狄者数十年,而伐胡尤甚。越之亡,荧惑守斗;朝鲜之拔,星茀于河戍;兵征大宛,星茀招摇:此其荦荦大者。若至委曲小变,不可胜道。由是观之,未有不先形见而应随之者也。(《天官书》)

武帝平定四夷时的天象未必都是吉象,我们是否可以认为,司马迁是在借天象表达微词吗?的确,司马迁在这里说"兵征大宛,星茀招摇",但在《匈奴列传》中他则说:

> 汉既诛大宛,威震外国。天子意欲遂困胡,乃下诏

曰:"高皇帝遗朕平城之忧,高后时单于书绝悖逆。昔齐襄公复九世之雠,春秋大之。"(《匈奴列传》)

武帝把成功远逐匈奴视为实现"春秋大义",而司马迁在这里引用了武帝的原话,我们能认为他怀疑武帝崇儒是假?看来,司马迁的政治意识精细绵密,很难像今天那样划分左右。儒家讲"厚德"不等于不分敌我,更不等于不在乎家仇国耻。

武帝"诛大宛"之前两百多年时,亚历山大进兵至波斯本土,破波斯城后一把火烧掉,为一个半世纪前(公元前480年)波斯王薛西斯一世焚毁雅典卫城报仇雪耻。在西方的史家看来,亚历山大虽然出生在泛希腊城邦共同体边缘的马其顿,却具有自觉承继希腊文明的政治意识。兰克(1795—1886)有现代西方史学之父的美誉,他用这样的文字描述亚历山大的复仇:

> 趁着狄奥尼索斯的庆典,马其顿人一把火点燃了波斯城——这是希腊诸神的复仇。这座位于皇陵旁的波斯寝宫由雪松木为主体,瞬间化为绚烂的火海。雅典的苔伊丝——狄奥尼索斯庆典上会有歌姬的表演——手持火把与亚历山大并肩而立,波斯人终于要为曾对雅典卫城犯下的罪行付出代价了。①

---

① 兰克,《世界史》,陈笑天译,长春:吉林出版集团,2017,页294。

对司马迁笔下的平城之战,当代日本学界研究东亚古代史的名家杉山正明有妙笔生花般的重述,并称此役"在世界史中也具划时代象征意义"——据说它标志着"所谓的'游牧民时代'正式揭幕"。这位史学名家称匈奴为"弱者",似乎高祖败走平城算得上世界历史上"弱者"反抗强者的胜利。① 杉山正明是日本人,他这样说并不奇怪,奇怪的是,他声称自己的说法仍依据司马迁。我们则可看到,按司马迁的记叙,匈奴"急则人习战攻以侵伐,其天性也","苟利所在,不知礼义";冒顿"以鸣镝自射其爱妻",并令"左右"随之,否则斩之,以此方式训练匈奴军人的服从和勇敢。冒顿当王后,随即"大破灭东胡王,而虏其民人及畜产":

> 既归,西击走月氏,南并楼烦、白羊。悉复收秦所使蒙恬所夺匈奴地者,与汉关故河南塞,至朝那、肤施,遂侵燕、代。(《匈奴列传》)

在《大宛列传》中我们还看到,冒顿击走月氏族时,甚至"以其[王]头为饮器"——世界历史上有这样的"弱者"?

司马迁说"汉既诛大宛,威震外国",指公元前104至前101年间,武帝号令中华军队越过帕米尔高原,远征位于高

---

① 杉山正明,《游牧民的世界史》,黄美蓉译,北京:中华工商联合出版社,2014,页80—83。

原西麓费尔干纳盆地的**大宛**(今乌兹别克斯坦东部费尔干纳[Farghana]地区)。我们值得意识到,大宛是古中华帝国与古地中海"天下"的帝国势力**直接发生接触**的地方。既然西方的古史学家把亚历山大东征视为世界历史上的伟大事功,我们也应该把武帝西征视为世界历史上的伟大事功,尽管要说清这一点就不得不多费些笔墨。

公元前330年,亚历山大破波斯帝国皇城后继续东进,兵至中亚腹地,夺取**阿列亚**(今阿富汗境内)后,迅速向东北方向推进,越过兴都库什山脉,进入波斯帝国东北部的**巴克特里亚**(Bactria,兴都库什山与阿姆河之间地带)行省。

波斯是多民族帝国,巴克特里亚总督**贝苏士**(Bessus)试图趁大流士兵败之机自立,讨好亚历山大,指望希腊联军就此止步。亚历山大不吃这一套,迅疾夺取其首邑(今阿富汗中北部古城**巴尔赫**[Balkh]附近)。贝苏士也非等闲之辈,他避敌锋芒,退走北面的**索格底亚那**(Sogdiana,今塔吉克斯坦和乌兹别克斯坦接壤的泽拉夫尚河流域,我国古书称"粟特")。亚历山大紧追不舍,率希腊联军兵锋直指索格底亚那,迅速夺取其首邑**马拉坎达**(Maracanda,今乌兹别克斯坦第二大城市撒马尔罕)。

至此,亚历山大已经抵达波斯帝国的东部边界,但他仍不满足,继续向北,接管波斯帝国的边境要塞,在锡尔河一带与塞克游牧集团反复交手。巴克特里亚和索格底亚那不断出现骚乱,亚历山大才无力继续向北推进,只得在锡尔河畔的赫拉特(Herat,今塔吉克斯坦北部列宁纳巴德州首府,我国古书称"苦盏"或"忽禅")建了一座堡垒城,史称"极地亚历山大城"(Alexandria Eschate),作为抵御锡尔河以北塞克游牧集团的据点。

为了平定巴克特里亚和索格底亚那(西南一部),亚历山大足足耗费了差不多两年时间。在这里,亚历山大不仅负过伤(胫骨受伤),还娶了当地公主罗克珊娜(Roxane)为妻,他仅有的一个合法儿子即由此女所出。亚历山大还让其部将塞琉古(Seleucus Nicator,公元前358—前281)也娶了一位当地酋长之女阿帕玛(Apama),可见,亚历山大打算对原波斯帝国疆域照单全收,并通过"和亲"推行希腊化。①

公元前327年夏天,亚历山大在巴克特里亚留下一批希腊移民和相当数量的驻军(大约3万步兵和数千骑兵),才南下进击印度北部。希腊联军在印度发生兵变,亚历山大不得已返回美索不达米亚,在古老的巴比伦城建立了西方的第一个"天下帝国"(the ecumenic empire)。就当时的疆域版图而言,这个帝国包括中亚西部地带。

今人关于古希腊的通史书,即便部头很大也多注重亚历山大进兵印度,对亚历山大兵至中亚地带并有所经营,往往

---

① 麦高文,《中亚古国史》,章巽译,北京:中华书局,1958/2004,页76—77;王治来,《中亚史纲》,长沙:湖南教育出版社,1986,页57—58;扎林库伯,《波斯帝国史》,张鸿年译,上海:复旦大学出版社,2011,页186—199;哈尔马塔主编,《中亚文明史》,卷二,北京:对外翻译出版公司,2015,页44—46。

几笔带过。① 毕竟,古书中留下的记载太少,而**系统的考古发掘**据说在 20 世纪中期才开始。

在今天看来,亚历山大进兵至中亚地带所具有的世界史意义更为重大。因为,亚历山大驾崩后,希腊化的"天下"虽然随即上演三国志,亚历山大部将**塞琉古**及其后继者控制这一中亚地带长达近两百年,整个巴克特里亚、中亚河中地区和费尔干纳盆地都曾经属于其辖地。塞琉古之子**安提俄克一世**(Antiochus I Soter,公元前 324—前 261)在"极地亚历山大城"旧址重建安提俄克城(Antioch of Scythia,《新唐书·西域传》称"俱战提"),还修建了长达 235 公里的围墙(今土库曼的拜拉姆·阿里城附近可见其废墟),堪称希腊人的东部长城。② 兰克绝非实证史家,而是政治史学大家,其眼力目光如炬,迄今令人赞叹——他说:

> 在世界剧场的舞台上,塞琉古即便不是不朽的帝王,也是闪耀的巨星。他的故事颇具传奇色性——类似于居鲁士和罗慕路斯,足见同时代人对其推崇的程度。他主导了这一时期的主要战争,一开始与吕希马库斯平分小亚细亚,随后又将其整个收入囊中,形成从达达尼

---

① 比较伯里,《希腊史》(1900/1913),陈思伟译,卷三,长春:吉林出版集团,2016,页 971—983;哈蒙德,《古希腊史》(1959),朱龙华译,北京:商务印书馆,2016,页 1000—1008。

② W. W. Tarn, *The Greeks in Bactria and India*, Cambridge University Press, 1938 / 1951,页 1—33。

尔海峡到印度河的大帝国。他是真正巩固了马其顿-希腊的世界霸权的关键人物。①

不过,在兰克看来,塞琉古帝国"既非亚历山大之继续,亦非波斯帝国之更新",毋宁说它"更像是巴比伦—亚述帝国之复兴"(同上),则应该算看走了眼。毕竟,塞琉古及其后继者是希腊人,塞琉古帝国的分裂最初也源于帝国行省的希腊人总督。

公元前256年,塞琉古的孙子安提俄克二世(Antiochus II Theos,公元前286—前246)在位期间,趁托勒密二世从西面攻击塞琉古帝国之际,巴克特里亚的希腊人总督狄奥多图斯一世(Diodotus I,公元前285—前239,塞琉古二世的妹夫)脱离塞琉古帝国,自立为王,史称希腊—巴克特里亚王国(Greco-Bactrian Kingdom)——司马迁的《史记》中称"大夏"。4年后(公元前246年),即秦王嬴政元年,周帝国的分裂局面开始走向尾声。这个时候,罗马共和国才即将结束第一次布匿战争(公元前264—前241),凭靠夺取西西里站稳脚跟。

接下来,以塞琉古帝国的挣扎和倾覆为中心,爆发了世界史上有记载以来的第一场世界大战,历时长达近两个世纪,卷入的地缘政治势力,西至地中海的罗马共和国和托勒密王国,东至中亚的希腊—巴克特里亚王国和南亚的孔雀王

---

① 兰克,《世界史》,卷一,前揭,页315。

国。最终结果是,西方的**罗马帝国**与中东的**帕提亚帝国**(Parthian empire,公元前247—公元224)在战争中崛起,经过长达一个世纪的交手,在公元前最后的十余年里达成妥协。

汉武帝的西征发生在这场世界大战的**转折关头**,虽然两个战场没有连接在一起,从世界历史来看的确具有重大意义。

公元前249年,即巴克特里亚脱离塞琉古帝国不久,这个希腊化帝国的**帕提亚**(Parthia,北至美索不达米亚的幼发拉底河,东抵中亚的阿姆河)行省总督安德拉戈拉斯(Andragoras,原波斯贵族)叛变。十年之后,盘踞在从里海到特詹河(Tedzhen)流域农耕绿洲边缘地带的**帕尔尼人**(Parni)部落联盟在其酋长**安息塞斯一世**(Arsaces I,生卒年不详)率领下,入侵帕提亚,杀掉希腊总督,逐步建立起帕提亚帝国——《史记》中称"安息"。

希腊人的塞琉古帝国并未轻易罢休,公元前230—227年间,塞琉古二世(Seleucus II,前246—前225年在位)发动了收复已分裂出去的帝国东部行省(帕提亚和巴克特里亚)的战争。由于地中海南面的托勒密王国不断进击塞琉古帝国西部(史称"叙利亚战争"),塞琉古二世的清剿行动本来已经取得成效,为了应付西面之敌不得不退出已经平定的东部失地。

托勒密三世(Ptolemy III,前246—前222在位)继位后,趁塞琉古帝国内乱继续向东推进。尽管如此,**安提俄克三世**

(Antiochus III,公元前241—前187)继位后,塞琉古帝国在收复东部行省失地方面仍然有可观的斩获。安提俄克三世没有料到,罗马共和国崛起得实在太快。趁两个希腊化王国陷入地缘冲突,罗马人迅速东进,从亚细亚入侵塞琉古帝国,并在公元前190年重创安提俄克三世。①

塞琉古帝国并未随即倾覆,在接下来的半个世纪里,这个希腊化帝国苦苦挣扎,既要对付东部不断崛起的帕提亚帝国,又要对付西部迅速崛起的罗马共和国。公元前131—130年,安提俄克七世(Antiochus VII,公元前138—前129在位)凭靠当年亚历山大在中亚地区播下的希腊化城市作内应,数度重创帕提亚帝国势力,并一度深入其腹地。然而,从西面入侵的罗马人在背后插了一刀:公元前129年,英勇的希腊帝王安提俄克七世在与罗马人的战斗中身先士卒,壮烈牺牲。

西方的古代史家会提醒我们,公元前129年是"希腊化中亚历史上的一个转折点",塞琉古帝国从此不复存在,其疆域收缩为叙利亚地带。由于罗马人接替希腊人与帕提亚帝

---

① 麦高文,《中亚古国史》,章巽译,前揭,页78—82;王治来,《中亚史纲》,前揭,72—84;塞克斯,《阿富汗史》,张家麟译,第一卷上册,北京:商务印书馆,1972,页116—144;145—169;扎林库伯,《波斯帝国史》,前揭,页213—238;小谷仲男,《大月氏:寻找中亚谜一样的民族》,王仲涛译,北京:商务印书馆,2017,页21—49;哈尔马塔主编,《中亚文明史》,卷二,前揭,页67—70;W. W. Tarn, *The Greeks in Bactria and India*,前揭,页71—128。

国交手,而帕提亚帝国自身又屡屡出现分离性动乱,这场世界大战还要持续一个世纪。① 我们则应该想起,汉武帝恰好是在公元前129年对不断"侵盗暴虐中国"的匈奴发动第一波全面攻势,并在20多年后远击大宛。②

在此之前的公元前230或前223年时,脱离塞琉古帝国的希腊—巴克特里亚王国在欧绪德摩斯一世(Euthydemus I,公元前260—前195)治下向北扩张,夺取了大宛,并按希腊方式在各村镇修建坞堡。他的儿子德墨特留斯一世(Demetrius I,公元前222—前180)在位期间(公元前200年起),希腊—巴克特里亚王国又向兴都库什山脉以南和西北印度扩张,俨然有成为帝国的态势。因此,一百多年后,武帝的中华军队兵至大宛,堪称中国与西方印欧民族的首次政治性接触。据说,"宛"很可能转译自梵语的耶婆那(Yavana),巴利语写作Yona,而这个语词转写自 Íōnes(Ἴωνες = Ionians[伊奥尼亚人]),因为,"耶婆那"泛称随亚历山大东征移居南亚和中亚的希腊人。③

巴克特里亚(大夏)地处西亚与中亚接壤地带,往南可通印度北部的孔雀王朝,往东可通中华帝国,往北可通中亚

---

① 哈尔马塔主编,《中亚文明史》,卷二,前揭,页94—97。
② 参见许盘清编,《史记地图集》,前揭,页396。
③ John E. Hill, *Through the Jade Gate to Rome: A Study of the Silk Routes during the Later Han Dynasty, 1st to 2nd Centuries CE.*, South Carolina, 2009,页167。

和西伯利亚,堪称地缘政治学上所谓的**通道地带**(Gateway Zone)。无论在当时还是19世纪中叶世界历史进入帝国主义时代抑或今天,这一地带又算得上地缘政治学上所谓的**破碎地带**(Shatter Zone)。①

大夏虽然脱离了塞琉古帝国,毕竟是亚历山大东征时所开辟的属地,而且长期承认塞琉古帝国为宗主国,自然成了希腊化王国抵御"好斗的"游牧集团的东部屏障。一百多年后武帝西征,中华帝国就与希腊化王国对游牧集团形成夹击态势,或者说形成了地缘政治学上所谓的**挤压地带**(Compression Zone)。重要的是,今天的我们应该看到,这个时候,世界历史上波澜壮阔的第一次世界大战还没有结束。

三 司马迁笔下的远伐大宛

亚历山大的抱负和汉武帝的骨气在世界历史上相遇,共同开辟了名垂青史的丝绸之路,尽管此路实际开通时,世界地缘政治格局已经是**罗马帝国—帕提亚帝国—中华帝国**的三分天下。从这一意义上讲,武帝时代的确堪称世界历史上的第一个**中国时刻**。毕竟,希腊—巴克特里亚王国"控制着兴都库什山以北的全部阿富汗,还有中亚的一片条状地区",

---

① 比较霍普柯克,《大博弈:英俄帝国中亚争霸战》,张望、岸青译,北京:中国青年出版社,2015;卡普兰,《即将到来的地缘战争》,涵朴译,广州:广东人民出版社,2013,页245—247。

"他们的袭击延伸到了中国汉朝的边界","这是中国与其他文明世界之间最初的正式接触。"①

亚历山大灭掉波斯帝国后继续东征,据说是为了满足自己的*求知欲*:走到天下的东极。与此不同,武帝持续西征则是为了华夏共同体的*生存安危*。

> 事实上,和平相处在经济和政治上都需付出巨大的代价。不断的进贡不仅是经济上的负担,也显出政治上的软弱。所以,汉帝国决定一劳永逸地解决匈奴的纠缠。首先夺取河西走廊,控制农业富庶的西域地区,接着经过近十年的多次征战(结束于公元119年),将游牧部落赶回他们原来的地方。河西走廊通向西部的帕米尔高原,高原以西就是一个崭新的世界。中国为一条横跨大陆的交流通道打开了大门——"丝绸之路"就此诞生。②

应该说,没有亚里士多德的学生亚历山大充满权力欲的东征,单凭骨气硬朗的武帝西征,没可能开辟出这条*政治性*的丝绸之路,尽管在此之前可能已经有了*私人性*的丝绸之

---

① 瓦哈卜、杨格曼,《阿富汗史》,杨军、马旭俊译,北京:中国大百科全书出版社,2010,页42。
② 弗兰科潘,《丝绸之路:一部全新的世界史》,邵旭东、孙芳译,杭州:浙江大学出版社,2016,页9。

路。毕竟,武帝西征时,大夏已经存在了一个多世纪,而这个希腊化的政治单位实际控制着美索不达米亚与中亚和南亚(印度)的交通枢纽,尽管希腊化的塞琉古帝国当时正在不断碎片化。

我们不能忘记,亚历山大东征的最初动因同样是一劳永逸地解除泛希腊政治体面临的来自东部陆地没完没了的威胁,与武帝西征的原初动因并无不同。① 亚历山大死得太年轻,否则,他的帝国未必会陷入内战状态乃至分崩离析,让罗马人趁机得利。罗马人崛起之后,收拾希腊化的内战状态,并致力于接替希腊人控制美索不达米亚这个火药桶地带,从而与正在崛起的中华帝国相遇。

欧亚大陆边缘地带东西两端两个新生帝国在世界历史上的这场相遇足以表明,20世纪初,英国地缘政治学家麦金德(1861—1947)对世界历史地缘政治大势的描画看似没错,其实不然。世界历史上的第一次世界大战,显然并非欧亚内陆心脏地带游牧集团与边缘地带文明政体的地缘政治冲突,而是边缘地带各文明政治单位之间的冲突。麦金德提出所谓心脏地带与新月形地带的二元对立这一政治地缘的历史模式,不过旨在为陆上强权与海上强权的对立提供政治史学证明,以守护大英帝国的殖民扩张所得,这种思维明显只有在航海大发现之后才有可能。20世纪的太平洋战争爆发

---

① 参见哈尔马塔主编,《中亚文明史》,卷二,前揭,页42。

后,荷兰裔的美国地缘政治学家斯皮克曼(1893—1943)以所谓"边缘地带"威胁论取代麦金德的"心脏地带"威胁论,不外乎把大英帝国的政治地缘视角置换成了当时**正在崛起的**美帝国的政治地缘视角。①

历史的经验应该让我们记取,从地缘政治学视角看世界历史,必须注意地缘政治变动的**历史阶段状况**。由此可以理解,从世界历史的视野来看中华帝国在周—秦—汉时期经历的古今之变,难免不易把握要津。对比观察世界古代史上的重大事件十分诱人,却处处充满陷阱。日本学界研究中国古代史的名家**宫崎市定**(1901—1995)的文笔让人一看就知道他脑子忒灵,但他的如下说法显然离谱:

> [中国]战国[时期]的领土国家并立,就西洋来说则类似于统一了意大利半岛的罗马与迦太基、叙利亚、埃及等对峙的状况。一度在西洋长期独立活动的都市国家,此时都被吸收到领土国家中,只是作为领土国家的一个单位才被允许存在。②

---

① 斯皮克曼,《边缘地带论》,林爽喆译,北京:石油工业出版社,2014,页59—60(此书原名《和平地理学》,刘愈之译,北京:商务印书馆,1965/《和平地理学:边缘地带的战略》,俞海杰译,上海:上海人民出版社,2016)。

② 宫崎市定,《宫崎市定中国史》,焦堃、瞿柘如译,杭州:浙江人民出版社,2015,页31。

战国时期七国争雄,毕竟是在周天子的"天下"内打斗,秦代周属于改朝换代,而罗马共和体把亚历山大征服的地域纳入囊中之前,地中海地区从未形成一个统一的政治单位,两者岂可同日而语!

宫崎市定还说,"人类最古老的文明产生于西亚的叙利亚一带,向西传播后成为欧洲文明,向东传播成为印度文明和中国文明"(同上,页9)。这一说法来自西方的世界史学界的一般看法,却并未得到实证研究的证实。① 今人能够明确看到,自公元前一千年以来至罗马帝国形成的第一个世界历史的普世时段,地缘政治冲突的基本动源确乎来自如今仍然处于战争状态的美索不达米亚及其周边地区(叙利亚、伊朗、伊拉克一带)。但这一以帝国更替为基本特征的地缘政治冲突的走势,明显是向西移动,而不是同时也向东推移。苜蓿或葡萄之类植物种子的东移,与地缘政治冲突的东移显然是性质不同的两码子事。

施米特年轻时就已经注意到,地中海即古希腊-罗马文化"成了一条龙",它盘踞在"位于人类向北迁徙的道路上":

> 不过,它也有自己的对应物。东方,还卧着另一条龙。在印度,蜂巢地的这对孪生子的道路发生了分岔,

---

① 斯塔夫里阿诺斯,《全球通史:1500年以前的世界》,吴象婴、梁赤民译,上海:上海社科院出版社,1992,页136—137。

高止山脉的前印度山系为两路迁徙者指明方向。其中第一条朝西北方向走,而第二条则朝东北走,想届时留在中国,"苟且偷生"。直到另一条龙战胜地中海、人类抵达北方,那个向它伸手的兄弟,也要把它拽到北方。①

这段文字极为精炼地概括了两千年来世界地缘政治嬗变的历史大轮廓:起初,这个世界上出现了两条"龙",一条在地中海的西方,一条在高止山脉(Gatsberg)以东,即"东方的黄龙"。两条龙因高止山脉的岔路而失之交臂,后来出现了第三条"龙",人们应该称之为"日耳曼龙",它"战胜地中海"并取代了古希腊-罗马文化这条"龙"。

日耳曼龙会继续"朝东北走,想届时留在中国",因此,"东方的黄龙"最终会成为"抗衡地中海龙的力量"。施米特待年齿渐长后才看清楚,日耳曼龙又摇身为北美龙,它越过太平洋"朝西北方向走",不会再遇到高止山脉的岔路。因此,"东方的黄龙"将要面对的搏杀对手不再是"地中海龙",而是来自太平洋彼岸的日耳曼变色龙。

由此看来,沃格林的说法更为符合史事:在人类第一个世界历史的普世时刻,出现了两个不同的"天下",即从美索不达米亚到西地中海的荷马式"天下"和远东的中国式"天

---

① 施米特,《多伯勒的"北极光"》,刘小枫、温玉伟编,《施米特与破碎时代的诗人》,安尼、温玉伟译,上海:华东师范大学出版社,2019年即出。

下"(《天下时代》,页371—373)。由于昆仑山脉和喜马拉雅山脉的阻隔,这两个"天下"的地缘政治冲突并没有交织在一起,以至于我们不能说,人类第一个世界历史的普世时刻是同一个"天下"时刻。

如果要说这两个不同的"天下"时刻有什么共同点,那么也许可以说,大型帝国的形成往往是来自帝国边缘甚至边界之外的部落文化移民入侵(migratory invasions from tribal cultures beyond the imperial borders)的结果。尽管如此,我们仍然不能忽视一个决定性的差异:在中华帝国的成长过程中,即便不断有帝国边缘甚至边界之外的部落入侵,其结果是华夏帝国的赓续,而非帝国更替。日本的东亚古代史名家强调代周而起的秦国原本属于戎狄中的一支,①除了别有用心,我们无法找到别的解释。

《史记》中有《大宛列传》,与《匈奴列传》对观,我们不难发现,这两部列传的笔法明显不同。在《大宛列传》一开始,司马迁就让我们看到,匈奴不仅侵扰农耕生活方式的中华政治体,而且欺负原来生活在河西走廊一带同样是游牧集团的大月氏(据说属印欧人族)。武帝决定联合受欺压的弱小民族,共同抵御好战善骑却十分凶残的部落集团,派张骞西行寻找大月氏族取得联络。

当今西方的世界历史地理学家说,"张骞最重要的成就

---

① 杉山正明,《游牧民的世界史》,前揭,页74。

是为中国人'发现了'中亚",他的报告"读起来像是精心写作的情报备忘录",因为报告主要谈及中亚各政治单位的"军事实力"。① 情形真的如此吗?张骞的书面报告(如果有的话)并没有流传下来,今人能够看到的最早文献便是司马迁的《大宛列传》——其实也可称为"张骞列传"。

司马迁首先简述张骞的首次西行经历,然后简述大宛:

> 大宛在匈奴西南,在汉正西,去汉可万里。其俗土著,耕田,田稻麦。

看来,大宛属于农耕生活方式的族群。随后,司马迁以大宛为轴心,描述了周边各政治单位的基本情况。

> 在大宛西可二三千里,居妫水北。其南则大夏,西则安息,北则康居。

司马迁对大夏和安息的描述最详,如今我们得知,安息与大夏都是塞琉古帝国碎片化的结果。张骞对这些"国际政治背景"情况一无所知,因为我们看到司马迁接下来记叙说:

> 天子既闻大宛及大夏、安息之属皆大国,多奇物,土

---

① 戈斯/斯特恩斯,《世界历史上的前近代旅行》,苏圣捷译,北京:商务印书馆,2015,页69—70。

> 著,颇与中国同业,而兵弱,贵汉财物;其北有大月氏、康居之属,兵强,可以赂遗设利朝也。且诚得而以义属之,则广地万里,重九译,致殊俗,威德遍于四海。

这哪里"像是精心写作的情报备忘录"?西方的史学家用西方的历史经验来看待这篇报告,才会满脑子中亚各政治单位的"军事实力"。当然,我们应该理解,即便在当时的西方智识人眼里——比如仅比司马迁早约半个世纪的希腊纪事家珀律比俄斯(公元前200—前118)眼里,已经见多了历史上的帝国冲突和更迭,难免会坚定不移地相信,人世间各政治单位的地缘政治关系就是你死我活。

我们值得看到,武帝得知西域的地缘政治状况之后,并未像西方帝王或罗马元老院那样,随即发兵夺取,而是赞同以利诱之,借助通商化解"殊俗",随后就有了张骞的第二次西行。难道我们能说武帝好"多伐"而不"厚德"?我们至多可以说他阳儒阴法,即便如此,这又有什么不对呢?

如今的西方史学家会说:接下来不就发生了武帝征伐大宛的事情吗?没错,但这件事的来龙去脉是怎样的呢?司马迁记叙道,汉使者回来告诉武帝:

> "宛有善马在贰师城,匿不肯与汉使。"天子既好宛马,闻之甘心,使壮士车令等持千金及金马以请宛王贰

师城善马。宛国饶汉物,相与谋曰:"汉去我远,而盐水中数败,出其北有胡寇,出其南乏水草。又且往往而绝邑,乏食者多。汉使数百人为辈来,而常乏食,死者过半,是安能致大军乎?无奈我何。且贰师马,宛宝马也。"遂不肯予汉使。汉使怒,妄言,椎金马而去。宛贵人怒曰:"汉使至轻我!"遣汉使去,令其东边郁遮攻杀汉使,取其财物。

可以看到,有**军事脑筋**的是大宛精英,而非我们的汉武帝。若是亚历山大或正在崛起的罗马共和国元老院,恐怕就不会有持千金及金马以请善马这种互利共赢的事情,而是径直出兵碾平再说。我们也不能说汉使态度不好,毕竟,大宛贵族先自持天然地缘屏障慢辱来使。

汉武帝骨气硬,而且似乎脾气不好倒是真的。他得知这一结果后"大怒",遂出兵征讨,完全不考虑战线足有 12550 里之遥,后勤补给怎么跟得上。西方的中国古代史家也不免感叹,就军事力量离帝国首府的距离而言,中华军队这次出征"比罗马军团离罗马城更远,虽然地中海地区的海上交往要便利得多"。①

司马迁对武帝出兵大宛的事情讲述颇详,看得出来,中华军队的这次西征非常艰苦。毕竟,战线太长,而且地形和

---

① 费正清、赖肖尔,《中国:传统与变革》,前揭,页69。

气候条件极为恶劣。何况,当时国内正遭遇自然灾害,"关东蝗大起,蜚西至敦煌"。可想而知,前方将士苦不堪言:

> 使使上书言:"道远多乏食;且士卒不患战,患饥。人少,不足以拔宛。原且罢兵,益发而复往。"天子闻之,大怒,而使使遮玉门,曰军有敢入者辄斩之!

这应该看作是司马迁责备武帝的笔法。在结语中司马迁说:

> 禹本纪言"河出昆仑。昆仑其高二千五百余里,日月所相避隐为光明也。其上有醴泉、瑶池"。今自张骞使大夏之后也,穷河源,恶睹本纪所谓昆仑者乎?故言九州山川,尚书近之矣。至禹本纪、山海经所有怪物,余不敢言之也。

司马迁几乎把张骞的西域之行乃至"天子为万里而伐宛"的事情看作是自然地理考察,以印证《禹本纪》或《山海经》中所记是否"为虚妄也",并未指责武帝"穷兵黩武"。我们可以把这理解为"忌讳"笔法,但在《匈奴列传》的结语中,司马迁为何又不忌讳"刺武帝"呢?

司马迁认为,这事非同小可,必须上升到政治思想高度来看待。在《乐书》中我们读到,司马迁一上来就讲了一番大道理：

> 海内人道益深，其德益至，所乐者益异。满而不损则溢，盈而不持则倾。凡作乐者，所以节乐。君子以谦退为礼，以损减为乐，乐其如此也。以为州异国殊，情习不同，故博采风俗，协比声律，以补短移化，助流政教。天子躬于明堂临观，而万民咸荡涤邪秽，斟酌饱满，以饰厥性。故云雅颂之音理而民正，嘄噭之声兴而士奋，郑卫之曲动而心淫。及其调和谐合，鸟兽尽感，而况怀五常，含好恶，自然之势也？（《乐书》）

接下来没过多久，司马迁就说到武帝即位后的作为，说他"集会五经家，相与共讲习读之"，"多尔雅之文"。看来，武帝崇儒而且注重个人修德是确有其事。问题在于，一个人有追求德性的愿望，不等于他真的能养成节制德性，改掉或克制自己不好的偶然性情。否则，研习儒学的人个个都会是好人，而实际上远非如此。

随之司马迁说到武帝好马的习性，"尝得神马渥洼水中"，高兴得作了一首"太一之歌"——紧接着他就"刺武帝"了：

> 后伐大宛得千里马，马名蒲梢，次作以为歌。歌诗曰："天马来兮从西极，经万里兮归有德。承灵威兮降外

国,涉流沙兮四夷服。"中尉汲黯进曰:"凡王者作乐,上以承祖宗,下以化兆民。今陛下得马,诗以为歌,协于宗庙,先帝百姓岂能知其音邪?"上默然不说。丞相公孙弘曰:"黯诽谤圣制,当族。"(《乐书》)

妙啊!不是吗?尤其妙的是,司马迁也"刺"大儒公孙弘(前200—前121)学乖了。圣上听到刺耳之言虽然不高兴,却也仅仅"默然",可见他习读儒家经典多少有成效。也许他默然想到:国威与民乐兼得谈何容易,下人不能体会为政者的难处,发一通脾气也没用。

今天的我们值得看到,《大宛列传》表明,无论汉武帝还是司马迁,都毫无如今所谓国际地缘政治意识,或者说虽然身处"世界历史的中国时刻",却没有这样的"时刻"意识。如果我们因此责备他们,那就会是我们的**历史意识**出了问题。毕竟,一道道山脉将美索不达米亚和地中海周边惨烈的政治冲突与华夏秩序赖以形成的地带隔离开来。我们不能责备自己的祖先生活或意识**闭塞**,因为我们没可能责备自然地缘。

反过来,我们也得承认,我们的祖先对**帝国更替式**的文明冲突毫无经历。因此,西方的世界史学家有理由说:

> 那些处于闭塞状态下的民族,既得不到外来的促进,也没有外来的威胁,因而,被淘汰的压力对它们来说是不存在的,它们可以按原来的状况过上几千年而不危

及其生存。①

在杉山正明看来,"希罗多德的《历史》及司马迁的《史记》有令人惊讶的相似处,两者都是为了'现在'而有历史。"②这个相似的理由似是而非,毕竟,"为了'现在'而有历史"的纪事书,岂止是希罗多德和司马迁的传世之作。

希罗多德(公元前485年生)比司马迁(公元前145年生)早三个世纪,就历史时间和政治秩序演化的平行对观而言,尤其是就我们应该从古代史书中学习什么而言,在笔者看来,我们更值得拿珀律比俄斯和普鲁塔克(公元46—120)与司马迁对观。

无论文明类型还是政治思想的比较,都是为了提高对自己的认识。因此,比较不仅要寻找相同或相似,毋宁说,寻找不同或差异更重要,这样才能更好地发现自己的不足。珀律比俄斯和普鲁塔克都做了罗马人的"亡国奴",在他们的纪事书中,最为突出的历史意识莫过于不同政治体及其担纲者的德性比较,这当然基于他们所身处的世界历史的罗马时刻。

在司马迁的纪事中,我们看不到这样的文明冲突式的德性比较,昆仑山脉和喜马拉雅山脉阻隔了前现代的世界历史的中国时刻与罗马时刻的地缘关系。当时罗马城邦的共和

---

① 斯塔夫里阿诺斯,《全球通史:1500年以前的世界》,前揭,页57—58。
② 杉山正明,《游牧民的世界史》,前揭,页70。

政体已经难以为继,不得不转换成帝制,正是中华帝国智识人学习的好机会。

古希腊人对不同政治体及其担纲者的德性比较意识,严格来讲始于荷马。《奥德赛》开篇就唱到:奥德修斯如何

> 历经种种引诱,在攻掠特洛伊神圣的社稷之后,
> 见识过各类人的城郭,懂得了他们的心思。

在希罗多德、柏拉图和色诺芬那里,这种比较意识已经达到相当高的**智识**水平。在现代的世界历史的中国时刻,我们才开始学习古希腊人在两千年前就已经开始的德性比较。**郭嵩焘**(1818—1891)是中国致力认识西方的第一人,当时大英帝国势力已经深入中亚腹地,我国西域再遇危机。在这样的历史处境下,郭嵩焘读《匈奴列传》后写到,"春秋时之戎狄皆在中国","大多与中国杂居":

> 迨七国以后,渐次收取胡地,而后匈奴始横于塞外。匈奴立国之始,与诸胡之徒出塞外者日相吞并,以成乎强大,其本未必多可纪者。而周秦之世纪载无征,史公乃混中国与西戎,北狄言之,并其种类亦不可详矣。①

---

① 转引自韩兆琦编著,《史记笺证》,南昌:江西人民出版社,2004,页5535。

郭嵩焘对司马迁的批评,与其他直到民初都还可以见到的那类文史家的批评都不同,因为他懂得:

> 西洋立国二千年,政教修明,俱有本末,与辽、金崛起一时,倏盛倏衰,情形绝异。①

若我们以为,今天我国学界的**古典西学研究**已经足够了,这仅仅证明我们对自己身处的世界历史的中国时刻的认识还相当浅表。

公元前2世纪末期至公元前44年共和制终结,随着罗马城邦共和政体的征服地区不断扩大,罗马对征服地区的控制不断出现问题,好些地方出现反叛,甚至在罗马政权的本土基地亚平宁半岛也出现反叛。罗马城面临严重的政治危机,先后两次发生军事政变。公元前53年,克拉苏远征帕提亚,兵败身亡;公元前29年,罗马内战结束,屋大维成为首任皇帝,随即改变东进方针。公元前63年,经过为争夺亚美尼亚控制权的长期战争,罗马帝国与帕提亚帝国终于坐下来签订了一个划界而治的"和平"条约,世界历史上的第一次世界大战才划上句号。②

贺拉斯(公元前65—公元8)有幸生活在罗马帝国初生

---

① 《郭嵩焘日记》,卷三,长沙:湖南人民出版社,1982,页124。
② 扎林库伯,《波斯帝国史》,前揭,页263—296。

之时,他的《颂诗集》洋溢着帝国的朝气。在他笔下,罗马帝国有如"萨图努斯之子,人类的守护者":

> 无论他名至实归的战场大捷
> 是驯服了觊觎拉提乌姆的帕提亚,
> 还是让东方海岸的印度和丝国
> 臣服于罗马,
> 他都将追随你,公正地统御世界。①

这里的所谓"丝国"原文为 Seras,并非指当时的中华帝国,而是指中亚地区丝绸之路上的某个方国。我们必须承认,凭靠罗马帝国接防亚历山大所征服的西亚和中亚地带,诗人贺拉斯已经具有全球政治意识。他笔下的所谓"世界",原文即 orbem[地球],其含义指罗马人所知的整个人居地带(ecumene)。② 直到今天,这种全球政治意识在我们的诗人身上仍属罕见。

西方人是否真能"公正地统御世界",当然是世界政治史上悬而未决的大问题。没有问题的是:西方人很早就有了"统御 orbem[地球]"的抱负。贺拉斯并不知道,武帝的中华

---

① 《颂诗集》1.12.53—57,李永毅译注,《贺拉斯全集》,北京:中国青年出版社,2014,页37;比较戈岱司,《希腊拉丁作家远东古文献辑要》,耿昇译,北京:中华书局,1987,页2—3。

② 参见福格特,《古罗马的地球》,刘小枫编,《西方古代的天下观》,杨志城等译,北京:华夏出版社,2018,页189—216。

军队突入西域后,南匈奴集团降服中华,北匈奴集团溃散,其中一支辗转西串,数百年后进入欧洲东部和中南部,引发日耳曼人纷纷西逃,西罗马帝国倾覆。世界地缘政治格局由此出现大洗牌,真所谓"此一时,彼一时也"。

四 古今之变与史家之志

成龙博士的"读书报告"最后一章仅题目就让人觉得很刺激——"史迁之志:立教与古今之变"。司马迁在今天会被称为史学家,但如今有多少史学家的心志会关切中华帝国的立教大业? 作者因这个大业在时代的古今之变中不仅迫切而且险象环生,才想到重读司马迁,但他恰好不是**史学科班**出身。

人们会说,如果司马迁的时刻所面临的古今之变与今天有实质上的差异,那么,作者的关切有何意义? 的确,对我们来说,理解古代与现代的古今之变的异同迄今仍是棘手问题。

中国学人遭遇现代的古今之变初期,梁启超(1873—1929)就在《新史学》(1902)一文中凭靠西方新派的**历史演进论**的"进化之大理"宣告了我国古人的**历史理解**无效:"天下之生久已,一治一乱"(孟子语)据说是"误会历史真相之言"。①

---

① 梁启超,《梁启超史学论著三种》,林毅点校,香港:三联书店,1980,页11(以下简称《新史学》并随文注页码)。

梁启超看到,孟子乃至司马迁眼中的"天下"与我们今天需要理解的"天下"明显不同,因为我们的古人

> 知有一局部之史,而不知自有人类以来全体之史也。或局于一地或局于一时代,如中国之史,其地位则仅叙述本国耳,于吾国外之现象,非所知也。(《新史学》,页13—14)

梁启超没有忘记补充说,中国之外的古代"他国之史亦如是"。他显然知道,以本国视野的历史为"自有人类以来全体之史"乃古代的普遍现象,苛责我国古人没有意义。重要的是,无论中国还是他国都服从历史的"进化之大理",用杜尔哥(1727—1781)的说法,这叫"普遍历史"。①

在梁启超的时刻,中国学人还不能准确把握(遑论表述)这个"进化之大理"的要津。现在的我们都清楚,所谓历史"进化之大理"即发展科技—商业文明是**硬道理**。不用说,这个道理不仅具有**无可辩驳**的历史唯物论基础,晚近40年的史实也令人信服地证明了这个道理。

如果今天我们问梁任公,他眼中的如此"人群进化之现象"是否能**一劳永逸**消除"天下"的"一治一乱"现象,或者说

---

① 杜尔哥,《普遍历史两论纲要》,刘小枫编,《从普遍历史到历史主义》,谭立铸、蒋开君等译,北京:华夏出版社,2017,页37—98。

科技—商业文明发达是否可以等于一种立教,那么,我们会发现,他的回答颇有讲究。

《新史学》一文共六小节,前三节论新史观的必要性,后三节涉及旧史,先后题为:论正统—论书法—论纪年。从文章起笔至"论正统",任公的笔法都显得气势恢宏,一路贬斥旧的史观,其文风从"论正统"小节的第一句话就可以见其一般:

> 中国史家之谬,未有过于言正统者也。言正统者,以为天下不可一日无君也,于是乎有统。又以为"天无二日,民无二主"也,于是乎有正统。统之云者,殆谓天所立而民所宗也。正之云者,殆谓一为真而余为伪也。千余年来,陋儒断断于此事,攘臂张目,笔斗舌战,支离蔓衍,不可穷诘。一言蔽之曰:自为奴隶根性所束缚,而复以煽后人之奴隶根性而已。(《新史学》,页26)

随后任公又说,陋儒们对《春秋》之首要大义"通三统"的理解错了:

> 通三统者,正以明天下为天下人之天下,而非一姓之所得私有,与后儒所谓统者,其本义既适相反对矣。(同上)

直到今天，诸如此类的言论在史学界还十分常见，尽管在新-新儒家看来，真正的陋儒才会这样说。

奇妙的是，在接下来"论书法"一节，任公的文体突然变得带有对话意味，并显得在替旧史家辩护。主张新派史学的人说，自己搞不懂中国古代史家为何"以书法为独一无二之天职"和"能事"，又凭靠何种"主义以衡量天下古今事物"。对此一问，任公回答说：

> 书法者，本《春秋》之义，所以明正邪，别善恶，操斧钺权，褒贬百代者也。……吾敢断言曰：有《春秋》之志，可以言书法。（《新史学》，页33）

这话看起来让人觉得，梁任公自认为"有《春秋》之志"，他正在凭靠历史进化之大理"明正邪，别善恶"。至于说到"书法"，如我们已经看到的那样，自然就是凭靠历史进化之大理"操斧钺权，褒贬百代"。成龙博士让我们回忆司马迁的"史家笔法"，无异于对任公所倡导的"书法"提出了质疑：

> 立朝是建立新政权，立教则是确立新的社会和新的人，定是非，立教时刻来临之前的国是，实际处在是非未定或悬而未决的时刻。论定是非貌似容易，选择并不难，但艰难的是要决策者承担抉择之后的后果，所以才会有杨朱行至十字路口竟然哭泣！秦朝提供了立朝的

原型,汉朝提供了立教的原型。若要讨论秦汉以来的中国历史,及接续这一历史的当代中国,可能要回到这两个原型。(页9—10)

的确,在"立教时刻来临"之际,"定是非貌似容易,选择并不难",其实不然。何谓"新的社会和新的人",众说纷纭,何况,"新"的语义未必等于"好"的语义。所以,作者力图让我们看到,尽管司马迁的笔端构建出中华帝国形成时的**天下历史**大视野,"周秦之变、秦汉之变和汉朝立朝以来的**诸种学说**,三重古今之变尽收眼底"(页171),但他很可能与杨朱一样,"行至十字路口竟然哭泣"。

作者在这里提到"诸种学说",让笔者深有感触。因为,与司马迁的时刻相比,梁任公或者如今的我们所面临的"诸种学说",不啻天壤之别。任公在说过古之史家"书法"后紧接着还说:

> 今之谈国事者,辄曰恨某枢臣病国,恨某疆臣殃民。推其意,若以为但能屏逐此一二人,而吾国之治即可与欧美最文明国相等者然,此实为旧史家谬说所迷也。吾见夫今日举国之官吏士民,其见识与彼一二人者相伯仲也,其意气相伯仲也,其道德相伯仲也,其才能相伯仲也。先有无量数病国殃民之人物,而彼一二人乃乘时而出焉,偶为其同类之代表而已。(《新史学》,页34)

在如今我们所面临的"时刻",诸种学说难道不是其见识相伯仲也,其意气相伯仲也,其道德相伯仲也,其才能相伯仲也? 不仅如此,诸种学说还"攘臂张目,笔斗舌战,支离蔓衍,不可穷诘"。在这一背景下来看作者的"读书报告",我们就能感觉到,他很可能有与梁任公一样的焦虑,或者说,这也是今天我们中的多数人的困惑。

由此可以理解,作者为何强调,司马迁的笔法"无异于指责武帝一心要成就一代帝业,却偏离了正路",因为"汉武帝空有立教之名":

> 自以为的王道说不准竟可能成为亡道。此时的天子恰恰喜欢文辞华章("方好文词"),"默然"而对。汉武帝立教,显然深知周秦之际文敝之症,意欲补救,然而方才补救,便立刻埋下了新弊病的伏笔——文教的核心在立德导民,要"全其质而发其文",而不是以文废质。(页148)

这话听起来有点儿危言耸听的味道,但细想一下又让人觉得未必如此。既然武帝"显然深知周秦之际文敝之症",他"意欲补救"而致力于立教就不会是装样子。我们至多只能说,武帝的立教方针有问题,即没有"立德导民"。但问题同样在于,如果今天的我们有理由这样指责武帝,那么,这也意味着我们知道何谓"德"以及什么是"质"和"文",否则,我们没可能知道如何"全其质而发其文"。

我们真的知道何谓"德"以及什么是"质"和"文"？在梁启超眼中的"欧美最文明国"的诸多学说看来,"个人自由"和"个人权利"就是人的普遍之"质",若要"发其文"就应该如何,不用说似乎谁都知道。若我们按作者的指引问司马迁,这样理解人的普遍之"质"对吗,司马迁会如何回答？梁任公再怎么 hubris［张狂］,也不至于会说司马迁是"陋儒"。

汉武帝如何理解"德"？司马迁又何以认为武帝"偏离了正路",何谓"正路"？作者在第三章"秦亡汉兴"中曾这样说道:

> 武帝太初元年(前104年),汉朝以土德自居,史迁特意申说黄帝的土德德性,作为汉朝的模范,是五德终始循环中的第一次循环(从土德到土德)。既然黄帝之德是第一轮土德(元德)在人世间的绽开,那么,担纲第二轮土德的汉朝是否意味着纪元的再次开启("时间开始了")？史迁这样书写,就同时还保留了对汉朝德性评判的可能,以黄帝土德之先名贬抑汉朝土德之自命。(页39)

汉代初期,无论武帝还是司马迁都生活在五德终始的意识形态赓继之下。武帝"以土德自居"显然意在开"［新］纪元",司马迁"以黄帝土德之先名贬抑汉朝土德之自命"仅仅

表明,武帝并未开"[新]纪元",而非否定这个时代需要开"[新]纪元"。我们看到,作者随之用一个转折连词把话锋一转:

> 但是,问题复杂而有趣的地方在于:太初元年之前,汉朝一直都把本朝德性定位为水德。水德还是土德的本朝德性定位,基于若干历史问题(周秦之变与秦汉之变)的讨论,最重要的便是前朝(秦朝)能否在五德中居有一德,这直接关系到秦、汉之际的历史书写与德性判定。(页39)

"若干历史问题"这一修辞既挑明又隐藏了现代的"世界历史的中国时刻"面临的开"新纪元"论题。我们若把作者笔下的"周秦之变"读作1949,把"秦汉之变"读作1978,肯定会有违作者的本意。倘若如此,作者呼吁我们重温司马迁的笔法又用意何在呢?

作者要我们关注汉代君主如何走出"秦德秦制",因此,五德终始循环的"本朝德性定位"问题或许仅仅是一种"笔法"而已,实质性问题在于如何更改"前朝(秦朝)的德性":

> 秦始皇推演五德,确立的水德是秦朝的德性,而非他一人的德性,因此他有"传之二世、三世乃至万世"的渴望。汉高祖虽然为汉朝确立了水德,但不过是秦朝德

性的延续而非克服,这一德性定位的缺陷已作用于他本人。既然汉朝德性只是秦朝德性的线性延伸,而汉朝又是代秦朝而起,那么他就要在五德说之外为自己寻求立朝神话以正名(justification)。不过,无论是赤帝子斩杀白帝子之说,还是祭祀五帝之说,都只是依托于一种神话为开朝君主一人的德性正名,但世袭制可以使子孙世袭君位,却无法使其世袭德性。(页54)

现在我们可以理解,所谓武帝"偏离了正路",意指他骨子里仍然没有摆脱"秦朝的德性"。从而,作者笔下的司马迁所谓的"立德导民"的"德",应该是儒家倡导的"德",而非"黄老"倡导的"德"。在第六章"武帝立教"中,作者详细论析过这一区分。

现在的问题是,**谁来更替王朝德性**。在接下来的第七章"史迁之志"中,题为"时与世"的一节显得最为关键,因为其中引用了孟子的一段名言:

> **五百年必有王者兴**,其间必有名世者,由周而来,七百有余岁矣,以其数,则过矣;以其时考之,则可矣。夫天未欲平治天下也,如欲平治天下,当今之世,舍我其谁也?(《孟子·公孙丑下》)

若用括弧给"时与世"这个小节标题附上洋文,最为合适的语词恐怕莫过于 Zeit und Sein。我的朋友熊林教授重译海德格尔的 *Sein und Zeit* 时,把这两个语词译为"是与时"。

作者在这段孟子引文后加了一条注释,指向沃格林的《天下时代》。笔者翻到沃格林书的这页才看到,原来,沃格林也引用了这句话(《天下时代》,页382)。不过,我们的作者并没有引"五百年必有王者兴"之前的一句:"彼一时,此一时也"。

笔者起初以为,作者没有引用这一句是疏忽。待抽一支烟休息一下疲惫的脑筋之后,有个念头猛然跃出脑际:哪个"彼一时,此一时也"?司马迁的"彼一时"和我们如今的"此一时也"?难道作者在暗示我们应该如何看待"秦德秦制"?

作者并未进一步说明沃格林为何引用这句话。我们自己会看到,沃格林引用这句话意在说明:在世界历史的第一个"天下时代",中国的"精神突破"如何打破宇宙论式的五德终始历史循环论。

> 重塑天下秩序的重任先前落在国王肩上,如今落在圣人肩上;这一重任并未使孟子感到幸福。而且,关于这份落在他肩上的责任的意识显然还需要发展成熟。"先前"他满足于做一个君子,当时局不利时,并不怨天尤人。但"彼一时";如今,尽管并不情愿,但他还是准备好了接受他在循环历程中作为圣人的命运。(《天下时代》,页382)

在这样说之前,沃格林已经说过,孟子遇到的问题来自孔子:孔子虽生在周朝,周王仍然在位,但"孔子的出现是新纪元的标志"(《天下时代》,页381)。这意味着,周公—孔子的德性赓续取代了周—秦之变的五德终始循环,孔子的圣人意识代表着中华帝国成为普世帝国的历史时刻的"精神突破"(the spiritual outburst)。

对沃格林来说,**历史意识**是一种普遍的精神意识,但它仅仅体现为某些政治共同体中的**极少数优异头脑**的精神追求,由此显明了"历史之中的意义"(the meaning *in* history),尽管历史**本身**并没有意义。因此,在世界历史的第一个"天下时代",尽管有两种类型的"天下",即"一个西方的和一个远东的""天下",仍然必须承认,就智识的精神现象或"精神突破"而言,人类有一种 universal Humanity[普遍人性](《天下时代》,页316,347,404)。

用沃格林的**历史意识现象学**术语来说,所谓"精神突破"就是一种新"纪元意识"(consciousness of epoch)。在题为"中国天下"的第六章中,沃格林首先讨论了司马迁的《史记》(《天下时代》,页374—383)。由于沃格林不熟悉汉代今文家的来龙去脉,他没有把司马迁的《史记》视为一种"精神突破",而是视为宇宙论式的历史编撰(Historiography),亦即仍然置身于宇宙论式的五德终始论传统。

沃格林不了解今文家所谓"作《春秋》"或"当新王"之类的说法,以至于看不到周代 → 秦代 → 汉代的德性转移问题不过是司马迁的"隐微"笔法,我们不必苛责。相反,我们值得注意,沃格林在这里暗中比较了西方和远东的"天下"时刻的精神突破。在西方的"天下时代",精神突破体现为希腊的**理智性启示**(the Greek noetic revelation)和以色列—犹太的**属灵启示**(the Israelite-Jewish pneumatic revelation),在基督教那里,这两种精神突破综合为"启示录式的意识"(apocalyptic consciousness)。对沃格林来说,与以孔子的圣人意识为代表的远东的精神突破相比,西方的**历史意识**对宇宙论秩序的精神突破要高远得多。

在此讨论沃格林的**比较历史意识现象学**,既没必要也不合适。但笔者必须提到,在沃格林看来,西方人的历史意识的精神突破高于中国人的历史意识有其特殊的**历史原因**,即他们所经历的**帝国更替**经验远比中国人所经历的朝代更替经验更为**惨烈和破碎**,以至于"保罗因在该进程中看不到任何意义而深感绝望"(《天下时代》,页404)。

在比较作为"精神突破"的佛陀意识时,沃格林说,由于孔雀王国所处的**地缘政治环境**,

> 他[佛陀]无须同各个宇宙论帝国竞争,它们在长达千年的时间里代表着人在此世的生存秩序;他也无须同某种历史创生论符号化表达竞争,它将宇宙秩序提升为帝国秩序;他也无须同理智性和属灵启示竞争,它们将神的允准赋予此世的结构。一旦他拒绝接受一个农

业社会的那些宇宙内神灵,那就不会再有已获分化的经验来阻止他走上一条捷径,它通往位于此世背后的神性虚无。(《天下时代》,页439—440)

在笔者看来,沃格林似乎认为,这同样适用于孔子的"圣人意识"。佛法入华后在华夏大地迅速蔓延,就是证明。由此可以理解,为何沃格林会说,

> 宇宙论形式的社会被其成员们体验为宇宙的一个部分,这个宇宙的秩序是由神塑造的,而这个社会的秩序则以类比的方式塑造。将它的秩序符号化为对宇宙秩序的类比的过程,与它的人口或领土规模无关;它也不需要征服外国人或扩张领土;多个这种类比对象的共存,并没有被体验为与宇宙的唯一性发生的剧烈矛盾。因此,在这个意义上,宇宙论形式的社会是完全自足的。(《天下时代》,页221)

然而,"彼一时"也!在我们身处的"此一时也"的历史时刻,中国的宇宙论式秩序已经遭遇过惨烈而破碎的帝制更替经历,甚至险些乎因此而被日本帝国更替。不仅如此,凭靠所信奉的历史"进化之大理",梁启超或当今大多数史家把宇宙论式的国体秩序遭遇惨烈而破碎历史经历归咎于中国"天下"的"超稳定结构"。

由此可以理解,我们的作者在"时与世"这一标题之下终于挑明了司马迁认为"汉武帝空有立教之名"的根本理由:在中华帝国自周代 → 秦代 → 汉代的百年更替的"时与世",汉武帝选择了**法后王**("权变")而非**法先王**("行仁义"),因此空有立教之名(页160—161)。

这看起来像是在与时下的新-新儒家一起呼唤儒家德政,其实未必,因为紧接着我们就读到一段饶有兴味的说法:

> 可悲可叹的是,以为一味指斥秦朝暴虐所以终究失去天下,就可以在新时期走向仁义,这本身就有问题。站在历史的此端,作为当代人,断然否定秦朝曾经某个时刻的立朝正当性,这种做法可能会将汉家引向仁义吗?而当时帮助秦朝改制,确立水德的人,不也是"法后王"之人吗?原来,兴坏虽然重要,但更重要的是兴坏之端——兴盛与危机的大事因缘。撰写历史,绝不只是为现实政权的正当性辩护寻找历史资源,而是为当朝指明兴亡之由。明晰这一点,也便明晰了立教的意味,否则只是另外一种强制。(页161—162)

"站在历史的此端"指"彼一时,此一时"的哪一端?"作为当代人"指彼一时还是此一时的当代人?表面看来,作者所谓的"当代人"指司马迁,因为他说《史记》末篇图穷匕见",即以圣人取代圣王:"周公之后是孔子,孔子之后是史

迁当仁不让"(页165—167)。因此,我们看到,作者在全书结尾时说:

> 史迁继《春秋》而作,于立教一事,武帝岂非"真工大奸乃盗为之"(《史记·平准书》)?有治国法术而盗取立教之名,"霸王道杂之"是武帝立教之后确立的汉家新传统,取王之名,用霸之实。导民以德并非一日之功,移风易俗然后才能民德归厚,然而武帝立教因其"内多欲而外施仁义",终究在立教一事上留下豁口。在漫长中世纪,黄帝和颛顼作为立朝和立教的模型,被秦朝和汉朝取代。秦朝立朝而不立教,终究二世而亡;汉朝立朝五代,终于完成了立教事业,却所托非人,岂不悲哀?(页172—173)

如果我们能体会作者的笔法,那么,这段结尾之言让我们会想到,所谓"站在历史的此端"也可能指"此一时也"。倘若如此,作者所谓的"作为当代人"指当今智识人。

是不是这样呢?这里说到"在漫长中世纪",似乎提示我们应该回头看开篇第一页提出的"该如何走出中世纪"问题。果然,在那里我们可以读到这样一段说法:

> 当此之际,智识人转而译介西学,凿壁偷光,师夷长技;百余年来国故学术以译介西学为主,"资本主义阵

营"和"社会主义阵营"的思想均出自其中(师法西欧与师法东欧),至今仍绵延不绝。(页1—2)

言下之意,无论哪个"阵营"都出自现代欧洲的工商—技术文明的"时与世"。既然如此,当今的司马迁之志面临的问题必然是:凭靠哪种"长技"移风易俗。换言之,"彼一时"的**法后王**("权变")与**法先王**("行仁义")的选择,变成了"此一时"的两种"长技"选择。

作者没有提到但我们则应该想到,沃格林曾借用布克哈特的"贪欲冲动"(the concupiscential drives)来表达梁启超所以为的"欧美最文明国"的德性品质。换言之,所谓"长技"不外乎最终服务于人类的"贪欲冲动"(《天下时代》,页277—282)。

看来,我们不能说,作者自己有明确看法但没有明确表达出来。毋宁说,立教的选择问题确实非常棘手。毕竟,即便是梁任公这样的大才子也没有意识到,他的新史学观同样"或局于一地或局于一时代"的"主义"。

在第一章结尾时,作者引用了毛泽东晚年选读的86篇古代诗文中的一首宋词——辛弃疾读《史记》。紧接着作者就首次用到"世界历史的中国时刻"这个表达式,真可谓意味深长或者说"笔法"老道。

作者在这里还下了一个看似不相干的脚注,引用了布鲁姆在《封闭的美国精神》结尾时关于"世界历史的美国时刻"

的说法。笔者起初以为,作者似乎暗示,美国的"马基雅维利时刻"是今天的我们应该选择的**法先王**,未料作者随之引用的话是:"我们会因为这个时刻而受到永恒的审判"(页19注1)。

作者的意思很可能是,无论世界历史的美国时刻还是中国时刻,其"时与世"的根本性质都是沃格林所谓的"理智混乱"(the intellectual confusion)。

余论　史学对于"世界历史的中国时刻"的利和弊

回到本文开头的问题:武帝崇儒究竟是真还是假?

按宫崎市定的说法,武帝本人是否崇儒,历史真相不得而知,但儒家学者在武帝朝廷中获得职官者日渐增多,则是不争的史实。他建议我们转而思考这样的问题:儒家为何能胜过其他学派获得君王青睐。

在宫崎市定看来,儒家获得君王青睐的原因在于,诸子百家中唯有儒家学问以中华帝国的**整全历史**为基础。墨家有华夏古代史(《尚书》)而无中世以后的历史,纵横家有近世的历史而无古代史,唯有在儒家笔下,中华帝国的历史从夏商周直贯当代(春秋末期)。

> 换言之,只有儒教能够教给人们中国[曾经]是什

么,以及中国[将来]应该是什么。①

就古代的世界历史的中国时刻而言,这样说令人信服,对现代的世界历史的中国时刻来说,儒家史志是否还具有如此效力就难说了。毕竟,西方自18世纪尤其19世纪以来的实证史学进入我国史学界后,司马迁之志早就被颠覆了。②

实证史学在19世纪中期以后的欧洲学界迅猛推进之时,布克哈特曾试图以类似于"司马迁之志"的史学来挽救西方文明的堕落。尼采敬佩布克哈特的高贵精神品质,但对他试图以一种史学教育来对抗另一种史学教育的做法是否有效则深表怀疑。在著名的《史学对于生活的利与弊》一文中,尼采很不客气地说:

> 我把这个时代有理由为之骄傲的某种东西,即它的史学教育,试图理解为这个时代的弊端、缺陷和残疾,因为我甚至认为,我们所有人都患上了一种折磨人的史学热病,而且至少应当认识到我们还有这种病。③

说到"史学热病",我们会想到前些年出现的所谓推翻

---

① 宫崎市定,《宫崎市定中国史》,前揭,页106。
② 参见李孝迁编校,《史学研究法未刊讲义四种》,上海:上海古籍出版社,2015。
③ 尼采,《不合时宜的沉思》,李秋零译,上海:华东师范大学出版社,2007,页135。

"西方伪史"热。据网上传闻,甚至有社会流氓混入了史学界,自称以扶正中华文明为使命要"把颠倒的历史再颠倒过来"。这类传闻倒不必当真,但是,所谓"原始的欧洲"因我们中国才进入"天下文明",西方人的文字、航海、科技、经济、制度、民主、哲学和史学统统凭靠复制中国历史才制造出来——这样的谵语出自史学科班出身的"史学家",的确算得上"史学热病"的证明。①

好在这种热病一眼就能看出,与此相反,凭靠"欧美最文明国"的民主制度理念把据说被颠倒的中国古代历史再颠倒过来的当代中国史学"热病",就让人不容易看出来了。

希腊化时期有位希腊语作家名叫欧赫墨儒斯(Euhemerus),写作年代大约在公元前311至前298年间。他的《圣纪铭文》(*Hiera anagraphē / Sacred Inscription*,仅存残段)讲述了这样一个故事:印度洋上有座小岛名叫"至尊"(Panchaia),人们在岛上发现了有关古希腊诸神事迹的铭文。②这些铭文说,乌拉诺斯、克洛诺斯和宙斯无不是伟大的古老氏族的国王,被感恩的民人尊奉为天神。

这篇纪事相当于如今所谓小说,岛名 Panchaia[至尊])明显是语词编造:希腊文的介词 pan[全]加形容词

---

① 诸玄识,《虚构的西方文明史:古今西方"复制中国"考论》,太原:山西人民出版社,2017。
② 英译见 Diskin Clay / Andrea Purvis 编译,*Four Island Utopias*, Newburyport,1999,页98—106。

chaios[高贵的、美好的]。纪事的背景在**印度洋而非地中海**,成文年代又恰好在亚历山大打造希腊化帝国之后,因此沃格林说,这个文本显然"旨在塑造为人民普遍向往的社会秩序"。用我们的作者的说法,这篇古希腊纪事在从事"立教事业",或者如今所谓**构建帝国所需要的意识形态**。由于"古希腊人既没有编年史记录,也没有足够连贯的传统意义上的历史,并且首先是因为他们没有年代学",欧赫墨儒斯就需要编造宙斯神族的**历史起源叙事**(《天下时代》,页 167—175)。

欧赫墨儒斯的意图也许是,通过**出土铭文**来证明数百年前的古希腊史诗和抒情诗作品中记叙的诸神事迹都是**史实**,从而是可信的。他没想到,结果也许恰好相反:这些出土铭文证明,古希腊人所信奉的传统诸神并非真的是**天神**。毋宁说,他们不过是历史上的各色绿林好汉而已。因此,近代欧洲新派史学兴起后,欧赫墨儒斯的这篇小说变成了一种**实证史学的代名词**,即所谓"欧赫墨儒斯式说法"(Euhemerism),被用来比喻一种**双刃式**的史学证明:用于证明古代神话可信的**史料**,同样可被用于解构古代神话信仰本身。[①]

17 世纪末,有位教士出身的梵蒂冈史学家名叫比安奇

---

① 萨顿,《希腊黄金时代的古代科学》,鲁旭东译,北京:大象出版社,2010,页 733—734;S. Spyridakis, "Zeus Is Dead: Euhemerus and Crete", in *The Classical Journal*, Vol. 63, No. 8(1968),页 337—340。

尼（Francesco Bianchini，1662—1729），他依循《圣经》中的叙事编写了一部《普遍历史》(1697)。① 当时，刚刚兴起的实证科学正迅猛颠覆基督教欧洲的共同信仰基础——《圣经》中的圣史叙事。为了替基督教的"普遍历史"辩护，比安奇尼刻意不用《旧约圣经》的材料，而是大量采用人文主义者的各种文史考据成果，甚至利用他主管梵蒂冈文史部门的职位之便，采用独家所有的异教文献，用史料来维护已经受到挑战的基督教"普遍历史"。

比安奇尼本来试图以此证明，俗世的史料不仅不会否证反倒会证实《圣经》中的记载，没想到这种方法让人引出的结论是：古代的神话故事不外乎是历史的扭曲反映。② 于是，比安奇尼的实证式圣史论证成了"欧赫墨儒斯式说法"的典型。当时正值古今之争吵得火爆的历史时刻，崇今派健将、长命百岁的丰特奈尔(1657—1757)大为称赞比安奇尼的考据史学风格，比安奇尼去世那年还写了一篇"颂文"(Éloge)悼念他。③

沃格林曾提到，"柏拉图无须担忧尤斯赫尔主教提出的

---

① Francesco Bianchini, *La storia universale provata con monumenti e figurata con simboli degli antichi*, Venice, 1697 / Rome, 1747, 重印 1925。

② Valentin Kockel / Brigitte Sölch 编, *Francesco Bianchini* (1662—1729) *und die europäische gelehrte Welt um* 1700, Berlin, 2005, 页 165—177; Tamara Griggs, "Universal History from Counter-Reformation to Enlightenment", 刊于 *Modern Intellectual History*, 4 / 2(2007), 页 221—228。

③ Fontenelle, "Éloge de M. Bianchini", 见 *Histoire de l'Académie royale des sciences-Année* 1729, Paris, 1731, 页 102—115。

创世日期",黑格尔则必须"小心谨慎地安排他的古代历史时间表"(《天下时代》,页313)。因为,尤斯赫尔(James Ussher,1581—1656)这位爱尔兰大主教在其《旧约编年史》(*Annals veteris testamenti*,1648)中推算出,上帝创世的时刻在基督诞生之前4004年的10月22日傍晚至23日清晨之间。① 这让笔者想到,司马迁无须担忧如今的实证史家们的刀笔,但我们的作者是否如此就难说了。

古希腊和古罗马都没有史官,所谓史书起初都属于散文纪事作品,好些史书作家本来是政治家或带兵打仗的将军,他们的写作方式与我们的史书非常不同。纪事书的作用首先是**政治教育**,让人们知道何为"政治的卓越品质"(political excellence)。笔者相信,这本"读书报告"的时代意义在于,它向我国阵容庞大的史学界提出了一个问题:什么样的**史学样式**或**史学精神**才切合我们今天的"世界历史的中国时刻"。

---

① 参见 James Barr, *Biblical Chronology: Legend Or Science*, University of London, 1987。

第一章 引言:阅读司马迁

一

明、清以降,泰西政教澎湃东来,华夏大地与产自欧洲的现代国际体系不期而遇,在武力(利炮坚船)和文教(制度文明)上都遭遇了前所未有的挑战,是为"三千年未有之巨劫奇变","百世可知"不复可能。摆在时人面前的首要任务是,我们该如何走出中世纪,"中国向何处去"。先进士人"穷则思变",检视西学,遂有"西学"从"泰西之学"到"新学"的价值逆转。① 当此之际,智识人转而译介西学,凿壁偷光,师夷长技,成为百余年来国故学术中有相当分量的内容,

---

① 王中江,《近代中国思维方式演变的趋势》,四川人民出版社,2008年。

"资本主义阵营"(师法西欧)和"社会主义阵营"(师法东欧)的思想均出自其中,至今仍绵延不绝。

原来东边的太阳已经落山,西边的太阳才是真正的太阳,如此一来,凿壁偷光之举更甚,以为要穿墙凿洞甚至破釜沉舟才能重见天日。然而,疮痍之下,无所安顿,以何面貌迎接天日、沐浴阳光? 要想重见天日,就必须要先重建家园;重建家园的第一步则是要看护地基。百年前的新文化运动举起"打孔家店"的大旗,随后激化,从而与传统做了彻底切割。无论我们在何种意义上再造传统,①今日之为今日,并非无中生有,而是由某一条线索贯通而来。

"走向世界"的同时也要发现,"中国本身拥有力量"(钟叔河语)。从谭嗣同(1865—1898)所说的"二千年政治,秦政",到毛泽东(1893—1976)判定的"百代都行秦政法",都将秦、汉视为一体,而"不了解两汉,便不能彻底了解近代"②。想不通近代以来的事,可能就需要回到古圣先贤那里,看他们面对类似问题时的处境与思考,毕竟秦、汉两朝奠定了中国漫长中世纪历史的基调。秦始皇嬴政(前259—前210)以武力统一天下,确立了立朝的基本模式;汉武帝刘彻(前156—前87)以霸王道杂处,立教于天下,确立了立教的

---

① 甘阳,《我们在创造传统》,台北联经出版事业公司,1989年;高瑞泉,《中国现代精神传统》,东方出版中心,1999年。
② 徐复观,《两汉思想史》(第二卷),自序,华东师范大学出版社,2001年。

基本模式。秦、汉以来的中国历史似乎都在重复,人们一度以为这种"超稳定结构"就是历史的终结。

重建家园就要重返现场。以今人的事求问古人,并不是今天的新发明,而是中国学问的某种传统。孔子想不通周朝的德性衰败,所以思考三代之治;司马迁(前135—?)目睹汉朝发展,回溯秦汉之变。作《太史公书》(此前名为"史记"之书众多,东汉后专门以《史记》称《太史公书》)的司马迁相对于今人是古人,然而在写作的时刻却是今人,原来他追溯久远的五帝、三王,顺流直下,书写春秋、战国,及至秦汉之变,是作为古代社会的今人,书写他所面对的古代社会的古人,书写这些远古故事,是为了汉家新编,将汉家立朝七十余年、百余年来的思考委婉抛出,求问古人。

我们今天可能无法问到司马迁之前的古人,但可以问他。不过,好的作品和文明共同体的优良传统还规范了读者,并不因为人们在市场时代能够购买便顺理成章地拥有。我们首先要了解他是什么人,他的写作要解决什么问题。

二

司马迁是"阴见默识,用思深秘"之人(《论衡·实知》),如果不"好学深思,心知其意"(《史记·五帝本纪》),就很难理解他。要理解司马迁,就要研讨他的问题意识;要考究他的问题关切,就要把握他所处时代的精神——这需要参考《汉书》的若干详尽记载,如《汉书·董仲舒传》中记载了汉武帝的天人三问,董仲舒(前179—前104)作答,君臣二人有关天人之际和古今之变的三问三答恰恰也提供了理解司马迁的一条线索:

(1) 汉武帝回望五帝、三王以来的历史,不禁发问:"三代受命,其符安在? 灾异之变,何缘而起?"董仲舒的对策是,"天下之同心归之",用德教而少刑政。"为人君者,正心以正朝廷,正朝廷以正百官,正百官以正万民,正万民以正四方……教化不立而万民不正也。"

> 当更张而不更张,虽有良工不能善调也;当更化而不更化,虽有大贤不能善治也。故汉得天下以来,常欲善治而至今不可善治者,失之于当更化而不更化也。(《汉书·董仲舒传》)

(2) 五帝之一的舜十分闲暇,"垂拱无为,而天下太平",但周文王却十分忙碌,太阳都落山了还顾不上吃饭,虽然和舜不同,但"宇内亦治"。两个圣明君主的做法截然相反,这是否意味着"帝王之道"本身就是变动不居的,否则为何会有"逸劳之殊"? 董仲舒回答的要害在于"时变"(古今之变),而落实到汉武帝,功业不能福泽百姓,问题就出在

"王心"(Cor Regis)①。

（3）汉武帝的第三次策问则由古代历史转向当代世事——落实到汉家道路上了。汉武帝引用"善言天者必有征于人，善言古者必有验于今"，原来问天相其实是在问人世，问故事则是在问当朝（天人之际，古今之变）——如果真的通晓古代帝王故事，就应当能够在当今验证，帮助汉武帝让古代帝王的事业重现人间。董仲舒所对，是顺时、顺势施展教化，有始有终，庶几为圣。

这三次提问都呈现了司马迁本人所处的时代精神，天人三问所涉及的核心问题，正是司马迁所说的"兴坏之端"（《史记·六国年表》）或"成败兴坏之纪"（《报任安书》）——人世兴衰的大事因缘，司马迁要做的也正是"*原始察终，见盛观衰*"（《史记·太史公自序》）。

太史公"掌天官，不治民"（《史记·太史公自序》），职责所在，不是具体统御庶民的行政事务，那他的志向是什么？他自承"亦欲以究天人之际，通古今之变"（《报任安书》），此一"亦"字正说明他已知悉此前的天人对答，未必是针对董子天人三策发言（否则怎会不记录？），可见天人之对应是当朝士子的流行话题，而自己则要给出前所未有的新答案

---

① 英格兰国王詹姆斯一世（James I, 1603—1625年在位）曾在1610年国会演讲时提到"王心"，更改了格言"王者之心在主手上"（Cor Regis in manu Domini），转而说"王者之心在民眼中"（Cor Regis in oculis populi）。载 Johann P. Sommerville,《国王詹姆斯政治著作选》（影印本），中国政法大学出版社，2003年，第179页。

("成一家之言")。① 在汉朝,殷鉴不远(殷、周、秦皆是去之未远的历史镜鉴),新国朝也希望想通如何才能绵延国祚,所以"在汉之初,史职为盛"(刘勰,《文心雕龙·史传》),"通古今之变"就是承接与超越的本朝史学传统。那么,司马迁的写作主线是什么,又是如何提供新答案实现超越的?

三

> 神农以前,尚矣。(《史记·货殖列传》)
>
> 殷以前,尚矣。(《史记·汉兴以来诸侯王年表》)
>
> 幽、厉以往,尚矣。(《史记·天官书》)
>
> 五帝、三代之记,尚矣。(《史记·三代世表》)
>
> 秦以前尚略矣,其详靡得而记焉。(《史记·外戚世家》)
>
> 略推三代,录秦、汉。(《史记·太史公自序》)

《史记》的记事,虽然从黄帝开始,历经夏、商、周三代,最后落脚到汉武帝当朝,然而数千年历史毕于一册,一定会有详略分配,不会无的放矢。司马迁就讲,神农氏以前的人世太久远了,太久远就无法详谈,必定要简略些。既然如此,

---

① 陈桐生,《中国史官文化与〈史记〉》,汕头大学出版社,1993年,第34—37页。

黄帝是取而代之的新君主,黄帝以后的人世是不是就要详细写了?他又说,殷朝以前的故事也很久远,这样一来,五帝和夏、殷两朝的事都没法详谈,就只能从周朝开始多写点了。司马迁写到周厉王(前904—前828)时,"未尝不废书而叹也"(《史记·十二诸侯年表》),之所以停下来感慨万千,就在于周秦之变正要从周厉王和周幽王(?—前771)算起,而周幽王和周厉王之前的往事太久远了,那么周幽王、周厉王之后呢?"厉、幽之后,王室缺,侯伯强国兴焉,天子微,弗能正"(《史记·汉兴以来诸侯王年表》)。周厉王出逃后,**周公姬旦、召公姬奭**执掌朝政,即周召共和(《十二诸侯年表》正是从周召共和写起,收束于孔子);周幽王被犬戎杀害之后,周朝都城东迁,"秦始列为诸侯"(《史记·宋微子世家》)。

最后,铺垫了那么久,司马迁终于坦白,五帝、三王的事都太久远了,那重点显然就是秦、汉两朝了——既然如此,为什么还非要写作五帝、三王之事?对于司马迁而言,占比不多未必就不重要,五帝、三王的铺垫提供了一种已经一去不复返的政治规范,如果不记,就意味着忘记了这个规范,没有规范的政治那还了得?"先立乎其大者,则其小者不能夺也"(《孟子·告子上》),既要写五帝、三王,又要写秦、汉两朝,所以要有一个贯通其中的主线,那就是两大古今之变:周秦之变和秦汉之变。

这两大古今之变,贯穿着立朝与立教两条线索。其中,黄帝是五帝之首,即立朝事业之首;继之而起的第二帝颛顼是黄帝之孙,"治气以教化",即立教事业之首。① 司马迁关心立朝,则以黄帝为首,关心立教,则能卒章明志(《太史公自序》一开篇就从颛顼谈起)。《史记》中秦汉之际尤其是汉朝立朝以来六十余年的叙事,皆由立朝与立教贯穿,散见于全书各处,"正名实,不可不察也"(《史记·太史公自序》)。

周朝末年,王道衰微,"礼废乐坏","道术将为天下裂"(《庄子·天下》),朝政与教化分离。纵然如子夏这般孔门高弟还会"出见纷华盛丽而说(悦)",何况中人以下的普通人?"渐渍于失教,被服于成俗"(《史记·礼书》)。秦朝终结战国时代,代周而起,以法术治国,但二世而亡,穷其智与力,竟不能捍卫国朝。周朝末年和秦朝末年频频有德性讨论,其实是在问立朝之后的立教问题,如果不能提供新的教化,国朝如何真正立得起来?"民无信不立"(《论语·颜渊》)。

孔子述而不作其实是以述为作,司马迁的《史记》是效法孔夫子的《春秋》。他曾提及,孔子编次《春秋》,"约其辞文,去其烦重,以制义法,王道备,人事浃",成为了历史作品

---

① 马基雅维利(1469—1527)认为罗马民族十分幸运,罗慕路斯(Romulus,第一位王,武王)具备战争的技艺,开国立朝;而努马(Numa Pompilius,第二位王,文王)则具备和平的技艺,神道设教,这样一来,文治武功兼备,国家幸而繁盛。参见马基雅维利,《论李维》(1.11),冯克利译,上海人民出版社,2005 年,第 78—80 页。"四个伟大"的叙事中也暗含了这一思考:伟大导师(文),伟大统帅(武),伟大领袖(文武),伟大舵手(隐喻)。

的典范,此后的《左氏春秋》《铎氏微》《虞氏春秋》和《吕氏春秋》都从《春秋》出发。荀子、孟子、韩非子都是如此,汉朝的张苍、董仲舒也是从《春秋》中推演大义(《史记·十二诸侯年表》)。既然如此,司马迁还要效法孔子《春秋》,一方面是接续这种致敬的传统,另一方面也是在指斥推演《春秋》传统中普遍存在的问题,要别开生面,另立新说——否则何必再添一部作品?

此外,孔子也讲:"有文事者必有武备,有武事者必有文备。"既然司马迁以《尚书·尧典》为原型,依据改制学说,开创了"八书"的体例,"关键在于汉家改制",① 那么,司马迁的立教之意可见一斑。司马迁也讲到开创国朝基业的"受命帝王"和稳固壮大国朝的"继体守文之君"(《史记·外戚世家》),前者就是立朝者,后者是在国朝的有机体内绵延不绝的立教者,"持功守威,绌攻取之心而肥仁义之地"(《史记·春申君列传》)。董仲舒也有类似的考虑,他说道"王者必受命而后王,王者必改正朔、易服色、制礼乐,一统天下"(《春秋繁露·三代改制质文》),也是在说"受命帝王"和"继体守文"这两种君主。

立朝是建立新政权,立教则是确立新的社会和新的人,**论定是非**,立教时刻来临之前的国朝实际处在是非未定或悬

---

① 陈桐生,《中国史官文化与〈史记〉》,汕头大学出版社,1993年,第162—173页;刘小枫,《司马迁属什么"家"》,载氏著,《重启古典诗学》,华夏出版社,2010年,第297—306页。

而未决的时刻。论定是非,貌似容易,因为做抉择似乎并不难,但艰难的是要决策者承担抉择之后的后果,所以**杨朱**行至十字路口竟然哭泣("杨朱泣于逵路")!秦朝提供了立朝的原型,汉朝提供了立教的原型。若要讨论秦、汉以来的中国历史,以及由此出发而来的当代中国,可能要回到这两个原型。**汉宣帝刘询**(前91—前49)在位期间,王吉提到当时仍然是"百里不同风,千里不同俗",所以他要移风易俗,让"六合同风,九州共贯"(《汉书·王吉传》)。① 看来立教并非一劳永逸,而是*永远在路上的事业*。

司马迁生活在汉朝立朝六十余年,可谓*正逢其时*,他参与了周朝末年以来遗留的*立教导德*的大业。这一问题一直绵延至汉武帝才得到某种确立。立朝百年,"百年之间"(《太史公自序》),转身回望,斯文在兹的天命当然只能当仁不让,惟其如此,才会以屈辱之身展示别有担当的"司马迁之心"②。所以史迁频繁讲:

> 故汉兴,承敝易变,使人不倦,得天统矣。(《史记·高祖本纪》)
>
> 贾生以为汉兴至孝文二十余年,天下和洽,而固当

---

① 周振鹤,《从"九州易俗"到"六合同风"——两汉风俗区划的变迁》,载《中国文化研究》,1997年冬季卷,第60—68页。
② 阮芝生,《司马迁之心——〈报任少卿书〉析论》,载《台湾大学历史学报》,第26期(2000年12月),第151—205页。

改正朔,易服色,法制度,定官名,兴礼乐,乃悉草具其事仪法,色尚黄,数用五,为官名,悉更秦之法。孝文帝初即位,谦让未遑也。(《史记·屈原贾生列传》)

汉兴,至孝文四十有余载,德至盛也。廪廪乡改正服封禅矣,谦让未成于今。呜呼,岂不仁哉!(《史记·孝文本纪》)

元年,汉兴已六十余岁矣,天下艾安,搢绅之属皆望天子封禅改正度也。(《史记·封禅书》)

至今上即位数岁,汉兴七十余年之间,国家无事,非遇水旱之灾,民则人给家足,都鄙廪庾皆满,而府库余货财。(《史记·平准书》)

汉兴八十余年矣,上方乡文学,招俊乂,以广儒墨。(《史记·平津侯主父列传》)

故汉兴至于五世之间,唯董仲舒名为明于春秋,其传公羊氏也。(《史记·儒林列传》)

汉兴九十有余载,天子将封泰山,东巡狩至河南,求周苗裔,封其后嘉三十里地,号曰周子南君,比列侯,以奉其先祭祀。(《史记·周本纪》)

这些"也"、"矣"的语气词万万不能省去,①今人读之,若

---

① 班固不考究《史记》的用词,有时径直删去一些以为无用的语气词,而使得大义尽失,参见倪思,《班马异同》。倪思(1147—1220)、许相卿(1479—1557)等人提供的班马异同论,值得一观。

将此语气拿去,则失去其大半精神。要"知人论世"(《孟子·万章下》),就是要考察一位伟大作家的现实感。孔子的现实感是他目睹"周道衰废",所以要思考周朝兴衰的问题,"以达王事"(《史记·太史公自序》)。那司马迁呢?将司马迁置于当时历史处境,考察司马迁的当代观察,才能真正明白他的"一家之言"究竟所谓(为)何事。但要注意,考察他的现实感,不是王允(137—192)和魏明帝曹叡(204—239)之流,认为司马迁因为个人遭遇宫刑,寄托一己之私写作《史记》,所以写作的是"谤书"(《后汉书·蔡邕传》,《三国志·王肃传》)。这种观点把司马迁的"发愤"当成一己私愤,所谓"他传即自传"(钱锺书语),大抵是持论者自己是这般人,便如此看别人了。司马迁仰慕孔子,曾不无感慨地说"余读孔氏书,想见其为人"(《史记·孔子世家》),这提示我们,也要用司马迁研读历史事件和人物的方式研读他。

> 夫《骚》与《史》,千古之至文也;其文之所以至者,皆抗怀于三代之英而经纬乎天人之际者也。所遇皆穷,固不能无感慨;而不学无识者流,且谓诽君谤主,不妨尊为文辞之宗焉,大义何由得明,心术何由得正乎?(《文史通义·史德》)

作家和作品都不是超时空的存在,没有现实感,恐怕难以成就伟大的经典。反过来,如果只有现实感,恐怕只会沦为时务策之流。只有宏大眼光与现实感兼备,立足眼下、斩截古今,才可能洞察现实之所由来和之所将去。因此,要在"天人之际"和"古今之变"的框架下考察司马迁的问题意识和历史命意。

司马迁身后的杜甫(712—770)说得好,"尔曹身与名俱灭,不废江河万古流"。"古者富贵而名摩灭",太多的人获得一时的英名或富贵,而司马迁想要传诸万世(如孔子"不为一时,而为万世"),所以他关注的是,以后见之明观之,什么人能够留在历史书中,"唯倜傥非常之人称焉"(《报任安书》)。

四

司马迁继《春秋》之志而作《史记》,申明周秦之变与秦汉之变,叙事贯穿立朝与立教两大问题。立教是确立官奉学说、改正朔(年的起始月和月的起始日),要害在立德。立朝而不立教,则无法导民以德,延绵政权。汉朝立朝以来,高祖沿用秦制秦德(水德),惠吕无违高祖确立的汉朝祖制,虽行黄老之术却不依黄帝(土德)为国朝敲定土德;中经**汉文帝刘恒**(前203—前157)、**汉景帝刘启**(前188—前141)意欲改弦更张,遭遇立朝权臣捍卫祖制,未能成行;终于汉武帝确立代秦而起的汉朝新德(土德)。与此同时,在儒生建议下,汉朝不再沿用秦制颛顼历,改用太初历,重启历史纪元。改德与太初历创制(天人之际),加之由黄老之术而独尊儒术(君臣关系)的官学调整,共同构成立教时刻。

刘知幾(661—721)曾批评《史记》记录一人一事,"分在数篇,断续相离"(《史通·二体》),其实这一笔法呈示了相互嵌入的复杂历史,恰恰提供了对读者的要求,要求读者学会重新排列组合。司马迁于立教事宜心有戚戚,笔法曲折,分散于《史记》各处,汇总而观,才可能看到他在立教时刻的史家笔法;汉武帝有立教之名却未能真正导民以德,史迁对此颇有微词。《史记》上起黄帝,下至汉武帝,配享土德的黄帝作为五帝之首,无疑是人世历史的起点和原则,汉武帝改汉德为土德,则首尾呼应。在此框架下,史迁铺展了涵盖黄帝(太古)、秦始皇(中古)、汉初先帝(近古)与汉武帝(当朝)的多重古今之变。《史记》记录提供了黄帝以来到汉武帝的历史"事序"(刘勰,《文心雕龙·史传》),仿若《埃涅阿斯纪》(*Aeneid*,7.44)中要开启的"更伟大的事序"(maior rerum ordo)。在叙事中,他保留了两套学术系统的叙述,一套是黄老系统,一套是儒家六经的系统(史迁所处的时代正是立教时刻,两套学术系统的纠缠被裹挟进政治世界),正因没有妄加调和,文章的价值反倒没有因此降低。[1]

今天人们仍在阅读司马迁和《史记》,一般原因在于它

---

[1] 张文江,《〈史记·太史公自序〉讲记:外一篇》,上海文艺出版社,2015年,第115—116页。

是第一部纪传体通史,提供了从先秦到汉武帝的历史叙事,学者往往杂用《史记》与《汉书》,谱写汉代历史。与一般的做法不同,本书仿照司马迁求问古人的方法,不是要做基于司马迁和班固(32—92)所撰史书的汉朝史研究,而是以汉朝事求问司马迁。然而司马迁记述历史,有许多内容未必亲身所见,却事无巨细,令人怀疑。怀疑者大抵持实证史学(positive history)的思路,认为史料第一;然而,司马迁所做的恐怕是政治史学(political history),不只是为了记事而已,正因如此才有司马迁与班固的班马异同。清人章学诚(1738—1801)将历史作品分为"著作之史"(司马迁)与"编纂之史"(班固),前者是"撰述",后者是"记注","撰述欲其圆而神","记注欲其方以智"(二十四史便有两个史学传统,《史记》所开创的"史"的传统和《汉书》所开创的"书"的传统)。①

为了更好地理解这一点,不妨借镜自观,看一看西方的政治史家修昔底德(Thucydides)的史家笔法。他曾撰写《伯罗奔半岛战争志》(*History of the Peloponnesian War*),既是对所见世的记载,也包含了对所闻世和所传闻世的记载,他在卷一就交代了自己的史家笔法:

---

① 章学诚,《文史通义·书教下》,上海古籍出版社,2012 年,第 14—18 页;杨联陞,《二十四史名称试解》,载氏著,《国史探微》,新星出版社,2005 年,第 239—244 页。

至于不同的人所发表的演说,有的是在这场战争即将爆发前,有的是在爆发后。其中有些是我本人听到的,有些则是别人从别处听到后告诉我的。对我来说,难以原原本本记下演说者的发言。故书中每一个演说人,在我看来,不过说出了我认为的在各种不同场合必需的话罢了,同时,我尽量贴近实际发言的大意……我不是偶然听到什么就认为值得记下来,也不以我个人的看法为准;我所记述的事件,要么是我亲身经历的,要么是从别的亲历者那里听来的,这些我都要尽力探究其中的每一个细节,以求符合事实。即便如此,探寻起来仍费尽艰辛。因为,不同的目击者对于同一件事往往有不同的讲述,有的或者偏袒一方,或者偏袒那一方,有的则仅凭记忆。我的记述没有故事传奇,对听众而言,很可能难以引人入胜。但是,对于那些想要了解过去事件的真相的人来说,由于人总是人,过去的事件在将来某个时候会再次发生,或者发生类似的事件,如果他们认为我的著作还有益处,那我就心满意足了。我的著作并不想赢得听众一时的奖赏,而是想成为永远的财富。①

---

① 中译本参见修昔底德,《伯罗奔尼撒战争史》(1.22),何元国译,中国社会科学出版社,2017年,第17—18页。在该节的上一节(1.21),修昔底德向诗人和文章作家发难,指明自己作为纪事作家将开启新的写作。

言下之意,对于这三世的记载,修昔底德有时会以"**失事求似**"的方式"**实事求是**"(但与小说家不同)。历史考据者或许会认为司马迁不可能掌握有些事情的细节,从而判定有些叙述只是小说家言或篡改,其实修昔底德隔空喊话,已经帮助我们解答了这个困惑。有了这个希腊史学的背景,或许能更好地切近**吉本**(Edward Gibbon,1737—1794)的罗马史书写:

> 吉本的《罗马帝国衰亡史》讲述的是一个双重的故事。它讲述了罗马帝国在一千年间从衰落到消亡的过程……在这部历史中,自始至终都是吉本在讲述。他便是他的时代的主导精神的化身。他的数卷历史正是以这种方式讲述了又一个故事。这些史册是18世纪精神的记载。它们既是一部罗马帝国的详细历史,又展示了近代欧洲文艺复兴这一白银时代的种种普遍观念……吉本叙述了罗马帝国的衰亡史,同时又通过这一例证预言了他自己所属的那类文化的衰亡。①

显然,政治史学内嵌了古今之变和古今对话,司马迁"网罗天下放失旧闻,考之行事,稽其成败兴坏之理"(《报任安书》),正是此意("论必先设身,以是为文德之恕",参见《文

---

① 怀特海,《观念的冒险》,周邦宪译,译林出版社,2012年,第9页。

史通义·文德》)。司马迁生逢立朝六十余年,国朝业已展开关于德性标准问题的大讨论,并最终于汉武时期形成有关若干历史问题的决议和德性的定位,从而规范了汉朝以后的国朝道路,这一道路甚至成为以后中国历朝"超稳定结构"的规范之一。

五

立国与立教两条线索绵延不绝,尤其在变局时代更是如此。没有这两条线索便不能理解为何抗战建国的时刻还有**学术建国**的呼声,在新共和业已成立还在使用"建国运动"①。20世纪的"洗心革面"运动是要立志"春风杨柳万千条,六亿神州尽舜尧"。1970年代的**评法批儒**正是一次与立教有关的事件。在21世纪的今日,重新回顾两千多年前汉武帝时期的**批法评儒**,当然不只是为了做一次历史的观照。

毛泽东晚年选读八十六篇古代文史作品,其中有**辛弃疾**(1140—1207)的一首《汉宫春·会稽秋风亭观雨(一)》,②该词下阙:

---

① 贺麟,《抗战建国与学术建国》,载氏著,《文化与人生》,商务印书馆,1988年,第19—22页;董成龙,《梁漱溟的"建国运动"》,载《跨文化对话》(第37辑),商务印书馆,2017年,第270—286页。
② 陈晋,《毛泽东阅读史》,生活·读书·新知三联书店,2016年,第265—270页。

千古茂陵词在,甚风流章句,解拟相如。只今木落江冷,眇眇愁余。故人书报,莫因循,忘却莼鲈。谁念我,新凉灯火,一编《太史公书》。

草此小书,以汉朝的立朝与立教为线索,贯通《史记》的叙事和司马迁的关切;重整这一史家笔法及其背后心法,或为在*世界历史的中国时刻*[①]思考立朝和立教问题聊备一说亦未可知。

---

① 布鲁姆(Allan Bloom,1930—1992)在《封闭的美国精神》(*The Closing of the American Mind*, 1987)结尾指出,在"世界历史的美国时刻","我们将为此永远被审判","我们被赋予的任务很重要,而未来将如何审判我们的看护,仍然未定"。

第二章 黄帝为首:纪元与土德

一、五帝之首

司马迁所著《史记》凡一百三十篇,全书五部分,即十二本纪、十表、八书、三十世家和七十列传。从记述时间而言,始于远古的黄帝,终于当朝的汉武帝;从篇章安排来讲,以十二本纪为先,开篇为《五帝本纪》(五帝之中,首帝即黄帝),末篇《太史公自序》属列传之末(列传第七十),也是全书之末,却不名为"传"而为"序",足见不是为他个人作传,乃是关乎全书结构、笔法与立意的说明。作为一部通史,《史记》开篇讲的并非人之为人的物种起点,而是在人世历史中择其一点作为起点。既然不是自然起点,而是人为设定的起点,就一定有其选择的因由——史迁提供的不是从无到有的"人之初",而是人世的纪元。西方思想以"首"(arche)为"起点"和"原则",亦作如是观。

黄帝是华夏民族起源的重要政治意象,以至于到20世纪成为各方角力的重要政治资源。鲁迅(1881—1936)就讲"我以我血荐轩辕";《民报》的创刊号刊刻黄帝像;陕甘宁边区和国民党政权在黄帝祭祀仪式上的争夺,亦为一例。于右任(1879—1964)汇编《黄帝功德记》,西安黄埔军校同学会祭黄帝词中也充分肯定黄帝的功劳是"肇造文明"。①

历史彼端的史迁记录了司马相如的临终遗作《封禅赋》,其中就讲:"轩辕之前,遐哉邈乎,其详不可得闻也。"(《史记·司马相如列传》)黄帝是尊号,他的名字是轩辕。黄帝之前的人世,太过遥远,难闻其详。史迁也有类似的话,"轩辕之时,神农氏世衰"(《史记·五帝本纪》),又讲"夫神农以前,吾不知已"(《史记·货殖列传》)。第一句话位于全书第一篇,以黄帝斩截历史,人世为之一变;第二句话位于全书倒数第二篇(若将《太史公自序》单置,则为倒数第一篇),实为一逆笔,反倒说明史迁自认为神农以后的人间世尽收眼底。② 两句话一首一尾,使全书首尾呼应,合力将《史记》所记定格在由黄帝开启并规范的人间世。那么,关于黄帝以及黄老并称的叙述就十分重要,直接关乎史迁笔下历史的起点

---

① 这方面的研究可见李俊领,《仪式政治——陕甘宁边区政府对黄帝与成吉思汗的祭祀典礼》,载《中共历史与理论研究》第2辑,社会科学文献出版社,2015年,第78—96页。

② 张文江,《〈史记·货殖列传〉讲记》,载氏著,《古典学术讲要》,上海古籍出版社,2010年,第45页。

与原则。

> 维昔黄帝,法则天地,四圣遵序,各成法度;唐尧逊位,虞舜不台;厥美帝功,万世载之。作《五帝本纪第一》。(《史记·太史公自序》)

司马迁四处游历,探寻五帝遗风遗迹,发现各地风教不同,"总之不离古文者近是",通过《五帝德》与《帝系姓》的古文记载,大体可以复原五帝的行迹。然而,司马迁读《国语》(记述起于周穆王十二年,前990)和《春秋》(记述起于鲁隐公元年,前722),发现它们虽然涉及《五帝德》和《帝系姓》("发明《五帝德》《帝系姓》章矣"),所见所述并非虚言,却没有深入考究("弗深考")。《国语》和《春秋》是否晚出于《五帝德》和《帝系姓》暂且不论,看来司马迁以《五帝德》和《帝系姓》为底本,书写了《五帝本纪》。六艺之中,"《礼》以节人,《乐》以发和,《书》以道事,《诗》以达意,《易》以道化,《春秋》以道义"(《史记·太史公自序》),拨乱反正的工作在《春秋》。《书》记载的是尧、舜之际的故事,《诗》记载的则是殷周之变(《史记·平准书》)。《史记·五帝本纪》言及黄帝而却没有谈到《易》,或许是因为阴阳"使人拘而多畏"(司马谈,《论六家要旨》),而司马迁正要"建立历史之黄帝"。[①]

---

① 张文江,《〈管锥编〉读解》,上海古籍出版社,2009年,第100页。

历史之黄帝便有制作之事,亦有身亡之时。黄帝既非人之为人的物种起点,定有前史可述。

二、修德振兵

轩辕当时所处的人世尽归于神农氏(炎帝),然而神农氏已经衰微("轩辕之时,神农氏世衰"),人世面临三个阶段的问题:

(1) 第一个阶段,"诸侯相侵伐",而神农氏无力应对,轩辕"习用干戈",出兵讨伐那些不尊崇神农氏的诸侯,"诸侯咸来宾从";

(2) 第二个阶段,在这些诸侯之中,"蚩尤最为暴",无法征伐;

(3) 第三个阶段,"炎帝欲侵陵诸侯,诸侯咸归轩辕"。

第一、二两个阶段的问题是诸侯的僭越,第三个阶段的问题则是炎帝的僭越。如果只是诸侯僭越,同样作为诸侯的轩辕可以代帝出征,不是改变而是夯实既有的君臣权力结构。然而,一旦炎帝僭越,继续作为诸侯的轩辕则无法解决这一问题,势必要推翻既有的君臣权力结构。以上所述,皆是武力之事;不过,第一个阶段过后,轩辕就由单纯的武力转向"修德振兵","治五气,蓺五种,抚万民,度四方,教熊罴貔貅貙虎,以与炎帝战于阪泉之野"(《史记·五帝本纪》)。

轩辕修德振兵、一文一武的做法很容易让人想到司马迁所述周文王与**吕尚**(即姜太公)"阴谋修德以倾商政"的故事(《史记·齐太公世家》)——周文王与吕尚任由商朝君主施暴,自己悄然修德,培育实力,待时而动,最终推翻商朝,建立周朝——新朝的君主是否都面临阴谋修德以倾覆前朝政权的问题?史迁的叙述是,轩辕面对第二、三两个阶段的问题,无可奈何,只得奋起推翻炎帝的统治,两个阶段的问题被一并解决。此时人世尚未"治气以教化",所谓"仁义"应当就是"道德"(参照《老子》第三十八章)。轩辕与炎帝"三战然后得其志","得其志"便是取而代之,**先称帝再戡乱**(先解决第三个阶段的问题,再解决第二个阶段的问题),此后"蚩尤作乱,不用帝命",已经是违背黄帝这位新君主了,黄帝于是"与蚩尤战于涿鹿之野","道"既然已经失逝而无可复返,就只能以武力制止了。汉代纬书《龙鱼河图》所述十分关键:"万民欲令黄帝行天子事,黄帝以仁义不能禁止蚩尤,乃仰天而叹"(张守节,《史记正义》,卷一)。

炎黄大战与涿鹿大战之后,诸侯都尊奉轩辕为天子,这种战后尊奉显然是一种事后同意,至于那些仍然不同意的,黄帝则出征讨伐。"天下有不顺者,黄帝从而征之,平者去之,披山通道,未尝宁居。"炎帝与蚩尤的问题历历在目,黄帝既然已经以武力得天下,却不愿以武力治天下,遂开始其"治民"的政务制作,黄帝之德就在于此:"置左右大监,监于万国",分理天下;"时播百谷草木,淳化鸟兽虫蛾";"劳勤心力耳目"。于是"有土德之瑞,故号黄帝",黄帝之所为正是土德之所谓。

　　神农以前尚矣。盖黄帝考定星历,建立五行,起消息,正闰馀,于是有天地神祇物类之官,是谓五官。各司其序,不相乱也。民是以能有信,神是以能有明德。民神异业,敬而不渎,故神降之嘉生,民以物享,灾祸不生,所求不匮。(《史记·历书》)

"《五帝本纪》取五帝当五行,始黄帝终尧舜,以黄帝的五数明尧舜的执中,仍尊尚黄老之黄。"①然而,既然《五帝本纪》记录的是三代以前的五帝,司马迁为何单单只标明黄帝为土德,却避而不谈五帝中其余四帝在五德—五行中的位置?可见司马迁即便受到邹衍的影响("邹子之徒论著终始五德之运"),也极其有限(批判邹衍"怪迂阿谀苟合之徒自此兴",参见《史记·封禅书》)。

秦朝首次使用五德说来定位本朝的德性状态,史迁援用此法,追溯黄帝的德性定位,对五德说的有限使用显得有些异常,其中婉曲或可见其笔法。《史记》后文再次论及五德,仅见于有关秦、汉两朝在五德中德性定位的叙事。既然特意只在这两处谈及五德中的德性定位,或许正是提示我们要在

---

① 潘雨廷,《论〈史记〉的思想结构》,载氏著,《易学史丛论》,上海古籍出版社,2007年,第277—278页。

五德的框架中比对二者——黄帝之德和秦、汉两朝的德性，如此一来，古今之变的关切就跃然纸上了。

黄帝治民事业有所成就，却仍然是人而非仙，既然"人固有一死"，结局便是"黄帝崩，葬桥山"。不过，《五帝本纪》所据之《五帝德》和《帝系姓》却记载了"黄帝三百年"（十世）之事，超出了凡人对一生的时间想象：

> 宰我问于孔子曰："昔者予闻诸荣伊，言黄帝三百年。请问黄帝者人邪？亦非人邪？何以至于三百年乎？"……孔子曰："黄帝黼黻衣，大带黼裳，乘龙扆云，以顺天地之纪，幽明之故，死生之说，存亡之难。时播百谷草木，故教化淳鸟兽昆虫，历离日月星辰；极畋土石金玉，劳心力耳目，节用水火材物。*生而民得其利百年，死而民畏其神百年，亡而民用其教百年，故曰三百年。*"（《大戴礼记·五帝德》）

宰我此问颇为张狂（hubris），子张曾经直接问孔子能否以一当十，"十世可知也"（《论语·为政》），一世三十年，十世就是三百年，可以与此处黄帝三百年之"寿"对勘。子张既然如此发问，显然是他的力量无法认知三百年，以为这是很高的境界。针对这番三百年之问，孔子回答："殷因于夏礼，所损益可知也；周因于殷礼，所损益可知也，其或继周者，虽百世可知也。"孔子以夏、商、周三代损益之说应答，轻松挑起子张之问,超越性地答出三千年的认知能力。

又及,孔门弟子中言语科的子贡"利口巧辞","闻一以知二"("夫子之文章,可得而闻也"),而颜回却能够"闻一以知十"(《论语·公冶长》、《史记·仲尼弟子列传》),可见弟子差别甚大,如果颜回当此黄帝三百年之问必能回答("夫子之言性与天道,不可得而闻也")——凭借所生存之世的当代观察,举一反十,由一世而认知十世;而孔子高于颜回,故有"其或继周者,虽百世可知也"(《论语·为政》),若三千年未有"巨劫奇变",孔子亦当知之。①

无奈,汉儒以为《五帝德》这篇文章并非圣人所作,"儒者或不传"(《史记·五帝本纪》)。这里所谓"三百年"显然并非其肉身存世三百年,那应该在何种意义上理解这"三百年"?《老子》第三十三章或许是最佳注解:

> 知人者智也,自知者明也;胜人者有力也,自胜者强也。知足者富也,强行者有志也;不失其所者久也,**死而不亡者寿也**。

据《五帝本纪》提供的系谱,颛顼是黄帝的孙子(黄帝次子昌意之子),帝喾是黄帝的曾孙(黄帝长子玄嚣之孙),尧

---

① 孟子也讲"圣人,百世之师也……奋乎百世之上,百世之下,闻者莫不兴起也。非圣人而能若是乎?"(《孟子·尽心下》)另值一提的是,《史记·佞幸列传》中,史迁特意申说"爱憎之时""虽百世可知也"。

是帝喾的次子,舜是昌意、颛顼的后人(自颛顼之子"穷蝉以至帝舜,皆微为庶人")。第二、五帝为黄帝次子一支,第三、四帝为黄帝长子一支,均不出黄帝一脉。"皆同姓而异其国号","以章明德",可见黄帝的德性绵延,不绝于人世。所以,虽然《五帝本纪》没有直言黄帝在世多长时间,但五帝均出于黄帝一脉,就黄帝而言,可谓"寿"矣。五帝"皆同姓而异其国号"意味着黄帝作为五帝之首的重要性,他不仅是五帝的开端,更是规范五帝的原则本身。① 黄帝能够存续一百年的原因是使民得利,存续二三百年的原因则是神道设教,然而,黄帝"亡而民用其教百年",百年之后则若何? 不得不省察黄帝以后的人间世。

---

① 清民时期的李景星(1876—1934)言之:"孔子删《书》,断自二典,详政治也;太史公记史,始于五帝,重种族也。"参见李景星,《四史评议》,卷一。

第三章　秦亡汉兴:秦制与黄老

仁者在位而仁人来,义者在朝而义士至。是以墨子之门多勇士,文王之朝多贤良,秦王之庭多不祥。故善者必有所主而至,恶者必有所因而来。夫善恶不空作,祸福不滥生,唯心志所向,志之所行而已矣。(《新语·思务》)

一、周秦之际:文敝峻法

汉高祖刘邦(前256—前195)最初定都洛阳(之后改都长安),在朝堂之上,请诸侯众将实话实说,各自讲讲已成为今上的刘邦如何就成了今上——何以得天下。针对这道政治测验,刘邦给出了答题方向,需要结合项羽(前232—前202)的失败来答:"项氏之所以失天下者何"(《史记·高祖本纪》)。秦朝末年以来的革命终于胜利了,刘邦问成败的缘由,显然是要通过历史问题的总结,在革命队伍中做一次思想摸底。史迁记载了**高起**和**王陵**的回答,想必他们的答案颇具代表性:刘邦"慢而侮人",项羽"仁而爱人";但问题是,攻城略地之后,刘邦懂得论功行赏,而项羽却嫉贤妒能。

刘邦认为,高起、王陵的这番总结是只知其一,不知其二。于是,他开始评点立朝开国的三大功臣,从而在君臣之辨中为自己定位。他认为,**张良**(约前250—前186)"运筹策帷帐之中,决胜于千里之外",**萧何**(?—前193)能够"镇国家,抚百姓,给馈饷,不绝粮道",**韩信**(约前231—前196)"连百万之军,战必胜,攻必取"("将人")。这三个方面,单论其中哪一条,刘邦都不及他们,但他能够将这三人纳入麾下,说明他掌握了比文韬武略更重要的技艺,懂得如何统帅"人杰"("将将")。

可见,刘邦仍然在楚汉之争的历史框架中为汉朝定位,关心的就是项羽之所失和自己之所得。相比之下,司马迁却看得更远。他不仅在反观回望的秦汉之变中理解前朝,还在周秦之变的背景下理解秦国(《史记·秦本纪第五》)和秦朝(《史记·秦始皇本纪第六》)。因此,在《周本纪》之后,史迁没有直接转入终结周朝末年战国时代的《秦始皇本纪》,而是放置了《秦本纪》。①

---

① 宫崎市定,《宫崎市定解读〈史记〉》,马云超译,中信出版集团,2018年,第33—34页;阮芝生,《论史记五体的体系关联》,载《台湾大学历史学报》,第7期(1980年12月),第1—30页。

表 1　《史记》十二本纪篇章安排

五帝本纪第一	夏本纪第二	殷本纪第三		
周本纪第四	秦本纪第五	秦始皇本纪第六	项羽本纪第七	
高祖本纪第八	吕后本纪第九	孝文本纪第十	孝景本纪第十一	孝武本纪第十二

《秦本纪》讲的是秦国的历史，兼及战国其他六国的历史终结；《秦始皇本纪》讲的则是秦朝的历史——由诸侯国而跃升为一统天下的国朝，兼及新时代的历史开拓。《史记》十二本纪最简单的篇章划分就是平分，第一部分以《秦始皇本纪》终结，讲述的历史到秦朝为止；第二部分以《项羽本纪》开始，讲秦以后的历史，到当朝的汉武帝为止；这种划分能突出秦朝的历史转折点地位。

除此之外，还应注意到，与《春秋》十二公的谋篇相似，《史记》十二本纪也存在三、四、五的篇章结构：从《五帝本纪》到《殷本纪》的三篇是三代以上和三代之治，从《周本纪》到《项羽本纪》的四篇是周秦之变（三代以上和三代以下的古今之变）和秦楚之变，从《高祖本纪》到《孝武本纪》的五篇则是汉朝的新时代。

至于对汉高祖立朝的记述，史迁则推向了更宏大的人世景观，在《史记·高祖本纪》中叙述夏、商、周、秦四朝的弊病，从而揭示出三代以来的**历史遗留任务**：

> 太史公曰:夏之政忠。忠之敝,小人以野,故殷人承之以敬。敬之敝,小人以鬼,故周人承之以文。文之敝,小人以僿,故救僿莫若以忠。三王之道若循环,终而复始。周秦之间,可谓文敝矣。秦政不改,反酷刑法,岂不缪乎?故汉兴,承敝易变,使人不倦,得天统矣。

夏、商、周三代各有其风尚,然而时间久了,"子孙骄溢,忘其先"(《史记·高祖功臣侯者年表》),容易忘记初衷,产生弊端,因此新朝要对前朝的政治原则作一番损益的工夫,这样才能接受经验、吸取教训。夏朝的政治讲究朴实,腐败了之后就成了粗野;殷朝要改变,就转向敬天,腐败了之后就成了迷信;周朝承其弊病,由敬天转向注重人文,周朝末年腐败了之后,问题就在于礼崩乐坏的"文敝",需要"深虑知化"、稳定文教。

> 天子微,诸侯力政;五伯代兴,更为主命。自是之后,众暴寡,大并小。秦、楚、吴、越,夷狄也,为强伯。田氏篡齐,三家分晋,并为战国。(《史记·天官书》)

周朝末年,诸侯抛弃周朝之礼,转而以力服人,由此进入春秋和战国时代,春秋以五霸为标志,三家分晋(晋国被分为赵国、魏国和韩国)和田氏代齐(齐国大夫篡夺国政)后,由春秋而进入战国。这既是周朝末年的历史变迁,也是《史记》篇章安排的重要节点。晋国在春秋时期颇为强大,处在五国中央的位置,赵、魏、韩三家大夫分裂晋国后,使得秦国统一六国成为可能。《史记》"世家"凡三十篇,从大方面来说,可以平分为两部分,《韩世家》和《田敬仲完世家》分别是第十五篇和第十六篇,可以作为第一部分的终结和第二部分的开始。韩国在六国之中最早被秦国所灭,齐国则是最后一个。所以,这两篇紧挨,既讲明了由春秋到战国(战国开始)的大事变,又暗藏着秦一统天下(战国终结)的新事业;这两层含义意味着世家的第一部分就是在记述周朝的起兴和灭亡。

表2 《史记》三十世家篇章安排

第一部分			第二部分
主旨	世家篇章		主旨
周朝立朝之封 (立朝功臣)	吴太伯世家第一	田敬仲完世家第十六	田氏代齐
	齐太公世家第二	孔子世家第十七	文武之道 (义理—造反)
	鲁周公世家第三	陈涉世家第十八	
	燕召公世家第四	外戚世家第十九	
周朝立朝之封 (追思夏、商先王)	管蔡世家第五	楚元王世家第二十	汉朝立朝一代、 二代之封
	陈杞世家第六	荆燕世家第二十一	

(续表)

第一部分		第二部分	
主旨	世家篇章		主旨
周朝立朝之封（追思夏、商先王）	卫康叔世家第七	齐悼惠王世家第二十二	汉朝立朝一代、二代之封
	宋微子世家第八	萧相国世家第二十三	
周朝立朝二代（周成王）之封	晋世家第九	曹相国世家第二十四	
	楚世家第十	留侯世家第二十五	
春秋最后的霸主（夏禹之后）	越王勾践世家第十一	陈丞相世家第二十六	
周宣王之封（最晚被封）	郑世家第十二	绛侯周勃世家第二十七	
三家分晋	赵世家第十三	梁孝王世家第二十八	汉文帝之封
	魏世家第十四	五宗世家第二十九	汉景帝之封
	韩世家第十五	三王世家第三十	汉武帝之封

秦始皇一统天下,终结周朝末年的战国局面。齐人博士淳于越认为周朝因为大封子弟功臣,这样就有了"枝(支)辅",所以才能够安享国祚一千余年,因此建议秦朝一仍其旧,也像周朝那样实行封建制。丞相**李斯**(约前284—前

208)不同意,在他看来,夏、商、周三代就不相同,因为他们的时代变了。现在要总结历史经验教训,周朝的问题恰恰就在于封建制,说到底,有组织、无纪律,诸侯各行其政,周天子名实不副,怎能长久?因此只要贯彻落实郡县制,确保海内一统,问题就解决了,国朝命运又怎么会不长久?秦始皇以为言之有理,认为有了这般政制变革,就可以坐享"功德"了(《史记·秦始皇本纪》,《史记·李斯列传》)。

> 古之帝者,地不过千里,诸侯各守其封域,或朝或否,相侵暴乱,残伐不止,犹刻金石,以自为纪。古之五帝三王,知教不同,法度不明,假威鬼神,以欺远方,实不称名,故不久长。其身未殁,诸侯倍叛,法令不行。今皇帝并一海内,以为郡县,天下和平。(《史记·秦始皇本纪》)

问题在于,收拢权力,全部取决于秦始皇一人,则很可能出现严苛的政局。结果就是,秦朝一统天下,终结了周朝末年以来群雄逐鹿的情况,然而却任用酷刑,这对文教凋敝的历史遗留问题而言,无异于火上浇油。所以,司马迁就抱怨蒙恬(前259—前210)身为名将,在秦刚刚一统天下时("天下之心未定"),应当"强谏"(《史记·蒙恬列传》),关心百姓疾苦。司马迁曾经向北行至蒙恬组织修建的长城,何其壮观,回望已成为历史陈迹的秦朝,想必感慨的正是国朝强大却兴亡恍惚之间。

王充(27—97)就认为司马迁太过苛责——如果不是进谏的时候却非要谏言,那不会像他司马迁遭遇李陵之祸一样吗(《论衡·祸虚》)？王充恐怕是把司马迁的情感和修辞当成了立论,其实史迁所论,未必是全然指责蒙恬自食其果——指望一位将军**兵谏**君主施行**文教**,果真可能吗？秦朝不是没有懂得"深虑知化"的士子,只是秦政严苛猜忌,"权使其士,虏使其民"(《史记·鲁仲连邹阳列传》),士子"不敢尽忠拂过"(《史记·秦始皇本纪》;贾谊,《新书·过秦下》)。

秦朝历经秦始皇、秦二世胡亥(前230—前207)和子婴(？—前206),想不通周朝末年以来遗留的历史问题,"终身不悟",最后身死国灭,"不亦宜乎"？秦始皇和秦二世想的是东游求仙,两位君主都曾向东巡视各郡县,以为东临碣石观沧海,既展示了国朝威力,又有求仙的可能,实在荒诞。

秦始皇在武力和刑法方面都十分严苛,因此秦二世即位之时,"天下莫不引领而观其政",虽然秦二世的即位正当性受到质疑,但天下人还是对新君主抱有希望的。"天下之嗷嗷,新主之资也。此言劳民之易为仁也。"天下苍生嗷嗷待哺,不正是新君主展示仁德、收拢人心、安定秩序的契机吗？在困苦的黎民面前,很容易树立一个仁君的形象。然而秦二世担心众人不服,就这样放弃了治国安邦的良机,转而采纳**赵高**(？—前207)的建议,认为"今时不师**文**而决于**武力**"。虽然已经一统六国,却仍然认为当时不应当仿效文教,而万事仍旧取决于武力。问题是,"牧民之道,务在安之而已",治理天下的方法并不复杂,只需要安顿黎民就可以了,秦朝君主舍近求远,终究南辕北辙,可悲可叹(《史记·秦始皇本纪》)。

所以,秦朝虽然实现了春秋五霸、战国七雄都未能完成的事业,穷其智力一统天下,却终究二世而亡——赢得了战争,却输掉了和平(对照《孙子兵法·火攻》)。"恃德者昌,恃力者亡"(《史记·商君列传》),真可谓"知及之,仁不能守之,虽得之,必失之"(《论语·卫灵公》)。大浪淘沙,汉家代秦而起,便承之以宽,要宽厚一些。① 关于刑政与文教,史迁就曾援引孔子所说:"道之以政,齐之以刑,民免而无耻。道之以德,齐之以礼,有耻且格"(《论语·为政》)。在汉朝新政权治下,回望周秦之变与秦汉之变,感慨"信哉是言"!

> 法令者治之具,而非制治清浊之源也。昔天下之网尝密矣,然奸伪萌起,其极也,上下相遁,至于不振……汉兴,破觚而圆,斫雕而为朴,网漏于吞舟之鱼,而吏治烝烝,不至于奸,黎民艾安。由是观之,在彼不在此。

---

① 班固,《汉书·食货志》。蒙文通(1894—1968)曾指出:"秦由法家之说,以猛为治而败,汉承之以宽。魏以猛为治而败,晋又承之以宽。隋以猛而败,唐又承之以宽。秦、魏、隋之为治,法家之治也,以处于分争之世,则可以致富强而一区夏。及其既一也,则不足以为长久之治,故曰其可效于争乱之时,而未可施之于宁一之会。"参见氏著,《中国史学史》,载《蒙文通全集二·史学甄微》,巴蜀书社,2015年,第363页。

(《史记·酷吏列传》)

借助明清之变时期黄宗羲(1610—1695)的分析(《明夷待访录·原法》),便很容易总结此事。酷吏之法是"**非法之法**"(unlawful laws),这样一来法令越多,反而越来越背离法意;三代以上之法却是"**无法之法**"(law without laws),没有法律条文,却彰显法意。① 三代以下,经历过周秦之变的人世,再想复返没有法条却能畅行法意的情境已是奢望,但要做到礼乐刑政相匹配,"诱进以仁义,束缚以刑罚"(《史记·礼书》),以礼乐为主,以政刑为辅,才不至于颠倒。史迁再次征引孔子,"听讼,吾犹人也,必也使无讼乎"(《论语·颜渊》)。

"攻乎异端"(《论语·为政》)既是外在审判(互相审判),也是内在审判(审判自己)。外在审判即"听讼,吾犹人也"(在这一点上,夫子与常人没有差别),内在审判即"内自讼"或"吾日三省吾身"(《论语·学而》)。"吾未见能见其过而内自讼者也"(《论语·公冶长》,已能看出君子与常人的差别),也是"攻其恶,无攻人之恶",这两种审判的结果是"斯害也已",使得相应的祸害没有了。但这仍然停留在审判或消害的层面,还可以更高,那便是夫子高于常人的地方,

---

① William Theodore de Bary trans, *Waiting for the Dawn: A Plan for the Prince, Huang Tsung-hsi's Ming-I Tai-Fang Lu*, New York: Columbia University Press, 1993.

"必也使无讼乎"(《论语·颜渊》),超越审判。在汉朝,连能够吞舟的大鱼都可以漏网,可见法令松弛,然而吏治良好,没有奸佞,要义在于道德,而无关政刑。

三代以来遗留的德教的历史任务,便是暗藏在周秦之变和秦汉之变的一条隐线。正因如此,司马迁才会在《高祖本纪》的结尾总结夏、商、周三代政治之得失。

二、汉朝祖制:秦德秦制

汉武帝太初元年(前104),汉朝以土德自居,史迁特意申说黄帝的土德德性,作为汉朝的模范,是五德终始循环中的第一次循环(从土德到土德)。既然黄帝之德是第一轮土德(元德)在人间世的绽开,那么,担纲第二轮土德的汉朝是否意味着纪元的再次开启("时间开始了")?史迁这样书写,就同时还保留了对汉朝德性评判的可能,以黄帝土德之先名来贬抑汉朝土德之自命。

但是,问题复杂而有趣的地方在于:太初元年之前,汉朝一直都把本朝德性定位为水德。水德还是土德的本朝德性定位,基于若干历史问题(周秦之变与秦汉之变)的讨论,最重要的便是前朝(秦朝)能否在五德中居有一德,这直接关系到秦、汉之际的历史书写与德性判定。

嬴政统一六国后,议定君号,取"三皇"之"皇",采上古五帝之"帝",称"皇帝",自以为"功盖五帝,泽及牛马"(《史记·秦始皇本纪》),大有"五帝不及"之意,可见他自诩为五帝、三王之后天地间截断众流的全新君主。秦朝开启的新局面是"人迹所至,无不臣者"(《史记·秦始皇本纪》),在车轨、律令、衣冠、文字等多方面,一改战国时期多国异制的局面,转向一统之制(《说文解字·序》),至大无外(空间)的帝国就有传诸万世(时间)的热望,因此自号始皇帝,依序排列后世君主。据史迁记述,嬴政即帝位之后,齐人进奏邹衍的五德终始说,他旋即采纳,"推终始五德之传","以为周得火德"(《史记·封禅书》,《史记·秦始皇本纪》),认为秦朝代周而起,是以水克火,应当配享水德;而要为新朝认定德性,既要正当其时,又要恰有其瑞。

> 今秦变周德,水德之时。昔秦文公出猎,获黑龙,此其水德之瑞。(《史记·封禅书》)
>
> 王者异姓受命,必慎始初,改正朔,易服色,推本天元,顺承厥意。(《史记·天官书》)

改朝换代与改德性、易服色都相关,其中改正朔尤为重要,①因为历法是与天的沟通,既然是新国朝了,就不能再用

---

① 春秋时期,各诸侯国历法不一;可是既然以周为天子,自然应该用周历,《春秋》原本为鲁史,鲁国用周历,称"王正月",是要奉周为正统。历法便指向正统。参见刘家和,《史学、经学与思想》,北京师范大学出版社,2005年,第371页。

老皇历。

> 方今水德之始,改年始,朝贺皆自十月朔。衣服旄旌节旗皆上黑。数以六为纪,符、法冠皆六寸,而舆六尺,六尺为步,乘六马。更名河曰德水,以为水德之始。刚毅戾深,事皆决于法,刻削毋仁恩和义,然后合五德之数。(《史记·秦始皇本纪》)

既然周秦之变带来了火与水之间的德性变化,秦汉之变就应当迎来水与土之间的德性变化——由秦朝的水德变为汉朝的土德。然而,在汉高祖的立朝时刻,负责历法事宜的计相张苍"推五德之运,以为汉当水德之时,尚黑如故"。秦朝的自我认定是水德,所以崇尚黑色,张苍此论无疑是说时代没有变,还是水德之时,而且没有改德之瑞,所以秦、汉同德,一切如故。这般德性定位当然会引发一种政治问题:汉家代秦而起却与之同德,这不是否认秦朝在五德中居有一德,而是在五德终始说的历史叙事中,否定汉朝作为新朝从而配享新的德性。乍看下来,张苍此论是在开历史倒车,很是悖逆,刘邦手下的这位老革命,怎么会在如此重要的国朝德性定位问题上犯下现行反革命的过错?这显得太没有政治觉悟,难道不会遭致朝堂上的攻讦甚至丢掉性命?但他没有受到迫害,因为这恰恰是开朝君主刘邦本人定下的汉朝祖制。

秦朝的德性是水德,刘邦起义举事,推翻秦朝、建立汉朝,"亦自以为获水德"(《史记·历书》),"亦"字一笔恰恰表明,高祖认为汉朝居水德是在延续秦朝的德性,而不是否定秦朝居有一德。① 历经多年才铲除暴秦,却仍在延续秦朝的德性,汉朝代秦而起不就成了新瓶装旧酒?既然秦朝的德性出了问题,现在改朝换代却不变更德性,那为何还要揭竿而起反对暴秦,秦汉之变的意义究竟何在?史迁深知,汉高祖为本朝确立水德之时就注定无法绕过这一问题,要理解刘邦这样安排汉家德性的原因,便不得不考察汉家立朝的**历史资源**。

> 太史公读秦楚之际,曰:初作难,发于陈涉;虐戾灭秦,自项氏;拨乱诛暴,平定海内,卒践帝祚,成于汉家。五年之间,号令三嬗。(《史记·秦楚之际月表》)

史迁上述所记,说明了汉家立朝经历了三个步骤:

(1) 陈涉(? —前208)揭竿而起,最先向秦朝发难,随后建立张楚政权。

(2) 项羽是反秦统一战线的实际领袖,反秦起义军剪灭秦朝——具体表现为汉军进入关中,随后撤出,楚军入主,

---

① 顾颉刚,《五德终始说下的政治和历史》,载《顾颉刚全集》,第2册,中华书局,2010年,第274—275页。

因此可以说是秦、楚之际。

(3) 楚汉之争:除灭暴秦之后,起义军阵营经历了五年内战,最后刘邦成功逆转势态,称帝建朝(自以为"功德宜之",继续称"皇帝",参见蔡邕,《独断》)。

由上可知,秦、汉鼎革之际的三个阶段都与楚军有关,可见建汉的三个步骤都离不开楚。范增(前277—前204)就曾对项羽的叔父项梁(? —前208)讲明,秦亡六国,楚国最为无辜,所以楚人曾豪言"楚虽三户,亡秦必楚","江湖激昂之士,遂以楚声为尚"①。陈涉揭竿而起,率先发难,国号张楚,就是要"复立楚社稷"。陈涉之后,则是楚怀王熊心(? —前206)和项羽扛起了起义军的大旗。

为了尽快推翻暴秦,楚怀王与众将定约,"先破秦入咸阳者,王之"(《史记·张耳陈余列传》,《史记·项羽本纪》),谁先攻破秦朝国都便可拥立为王,"先入关者,王之"(《史记·高祖本纪》)。这里的"王"就是关中王,即秦国旧地的新王(新的秦王)。在项羽的带领下,反秦统一战线中"楚兵冠诸侯",所以,刘邦先入关中,就立刻做了一篇别有深意的政治宣言:

> 召诸县父老豪桀曰:"父老苦秦苛法久矣,诽谤者

---

① 鲁迅,《汉文学史纲要》,载《鲁迅全集》(第九卷),人民文学出版社,2005年,第398—399页。

族,偶语者弃市。吾与诸侯约,先入关者王之,吾当王关中。与父老约法三章耳:杀人者死,伤人及盗抵罪。馀悉除去秦法。诸吏人皆案堵如故。凡吾所以来,为父老除害,非有所侵暴,无恐!且吾所以还军霸上,待诸侯至而定约束耳。"(《史记·高祖本纪》)

这篇政治宣言,遣词造句,立意深刻:

(1)"苦秦久矣",针对革命对象而言,这么讲是给予革命以历史的正当性论证(告别历史),既然秦政严苛,就理应推翻这座大山。

(2)"吾当王关中",针对革命统一战线而言,既然先入关中者王是诸侯立"约"所定,那么刘邦称王就理所应当,这么讲是进行新朝领导权的法理论证(迎接新生)。

(3)既然有了苦难惨痛的历史背景和政权担纲的法理依据,刘邦就要与秦国的父老豪杰废弃秦法,转而制定临时约法三章,一反秦政严苛的恶习,戒骄戒躁。后人观之,约法三章岂不正是进京赶考的答卷?据史迁所记,秦人大喜,烹羊宰牛,要夹道欢迎刘邦的汉军,刘邦却为军队立下纪律——起义军是庶民的解放者,而不是单纯的填补权力真空,因此要注意不劳民伤财,于是秦人就更欢喜了。

刘邦以临时约法安抚秦国旧地的豪杰,同时准备等待各路诸侯如约认定他为新王,但其势力似乎仍无法与项羽抗衡,约定(义)与权势(力)相纠缠,便有了鸿门宴的故事。① 项羽尊楚怀王为义帝,而他本人才是反秦统一战线的领袖,所以很快就"背关怀楚,放逐义帝而自立","分裂天下而封王侯",封刘邦为汉王,"自立为西楚霸王"(《史记·项羽本纪》)。项羽仍旧分封诸王,是因为"既已秦灭六国为无道而亡之,自无一人可专有天下"②,当时的局面,他虽然是领袖,却也没有绝对超然的地位,不得不继续按照封建制行事。这样一来,到最后,推翻秦朝统治的这场大革命,由反秦的起义军统一战线转向内战,由秦楚之变转为楚汉之争,最后刘邦终止内战,称帝立朝。

刘邦是楚人,起义之义由陈涉率先揭发,起事之事则依靠张楚政权,"建立汉王朝的主要领导者和基本队伍都是从楚国来的"③,所以采用楚制统率众部。因为陈胜有首义之功,所以刘邦夺取政权后仍然关心陈胜的衣冠冢,至司马迁时代都不曾变改:

> 陈胜虽已死,其所置遣侯王将相竟亡秦,由涉首事也。高祖时为陈涉置守冢三十家砀,至今血食。(《史

---

① 余英时,《说鸿门宴的座次》,载氏著,《史学、史家与时代》,广西师范大学出版社,2004年,第70—77页。
② 吕思勉,《秦汉史》,上海古籍出版社,1983年,第42页。
③ 汉朝实际楚文化,司马迁本人亦受楚地影响,参见李长之,《司马迁之人格与风格》,天津人民出版社,2007年。李泽厚、刘刚纪主编,《中国美学史》(第一卷),中国社会科学出版社,1984年,第442页。

记·陈涉世家》)

由起事到建汉,刘邦的立朝资源包括张楚、怀王之楚和西楚。这三种立朝资源都是楚制,《史记》单设《秦楚之际月表》而非"秦汉之际",足见其重视楚制,亦深知汉朝与楚制的因袭关系。此外,《史记·秦始皇本纪》(第六)与《史记·高祖本纪》(第八)也非紧贴,中间置有《史记·项羽本纪》(第七),显然是要抬高项羽在历史时间中的政治地位,但更重要的是明示汉家立朝的楚国资源——可惜宋人司马光(1019—1086)主持的《资治通鉴》将项羽从本纪中删除,忽略了这段"短暂的春秋"。《项羽本纪》记述了起义军统一战线联盟反秦,《高祖本纪》则记述了起义军的内战与新国朝的建立。

汉朝所要反对的是原先的暴秦,按照怀王之约,刘邦先入关中,成为秦国新王,日后的汉朝就由此关中之地起兴。所以,据此建立的汉家一朝反倒接续了秦国的传统,这样一来,汉家是反秦而起的新朝,秦制却是它的立朝资源之一。汉朝立朝后就经历了由"从楚制"转而"承秦制"的转变。①

---

① 田余庆,《论张楚——关于"亡秦必楚"问题的探讨》,载《历史研究》,1989年第2期,第134—150页;卜宪群,《秦制、楚制与汉制》,载《中国史研究》,1995年第1期,第45—53页;罗新,《从萧曹为相看所谓"汉承秦制"》,载《北京大学学报》,1996年第5期,第79—86页;李开元,《汉帝国的建立与刘邦集团——军功受益阶层研究》,生活·读书·新知三联书店,2000年,第107—108、170—171、247—248页;陈苏镇,《汉代政治与〈春秋〉学》,中国广播电视出版社,2001年,第35—65页;王勇,《怀王之约与汉承秦制》,载《史学集刊》,2006年第2期,第17—21页。

政制转变的这一重大选择,从定都一事便可窥见一二。鸿门宴数日后,项羽引兵进入秦都咸阳,杀掉已经投降的秦王子婴,"烧秦宫室,三月不灭,收其货宝妇女而东"。项羽看到秦宫已经毁坏,又以为"富贵不归故乡,如衣绣夜行"。君主当然要以天下为家("承运应须宅八荒",参见李商隐,《题汉祖庙》),而项羽显然缺乏把他乡作故乡的宏大政治眼光,断然没有考虑到"关中阻山河西四塞,地肥饶"(《史记·项羽本纪》),可以作为王兴之地;而刘邦手下的**娄敬**则回溯古代圣王定都之举,谏言以秦都为汉都。① 大事不决问张良,张良认为不能定都长安,也不应轻易推翻秦制,转而效仿周制。史迁记载了张良陈列的九条理由(《史记·留侯世家》),其实是说夏、商、周三代之治已经成为过去事,或者终究不过是理想式,这九条理由归结起来主要是以下四个方面:

(1) 周武王讨伐**商纣王**,战事甫一结束就将战车改为轩车,"**倒置干戈**",盖上虎皮,还将战马放在华山之南不再

---

① 刘邦希望仿照周朝的做法,定都洛阳;众大臣皆山东之人,也希望定都洛阳。娄敬则历数周朝与今世的古今之变,最后刘邦采纳娄敬的建议,赐其国姓,改为刘敬。但是高祖仍然不重视文学,虽然采纳了刘敬的提议,但似乎更多地在于张良的首肯,一旦刘敬阻止高祖进攻匈奴,就立刻被指斥"以口舌得官"(《史记·刘敬叔孙通列传》)。关于长安与洛阳的政治地理分析,参见周振鹤,《西汉政区地理》,人民出版社,1987年;孙家洲、贾希良,《不为都畿 亦为重地——论洛阳在战国、秦、西汉时期的特殊地位》,载《历史教学》,1995年第3期,第45—48页;梁万斌,《从长安到洛阳:汉初关中本位政治地理》,复旦大学博士论文,2013年。

使用,把牛放在桃林之北不再运送军饷,向天下人呈示不复用兵的决心。今日能做到这番"偃武行文"之举吗?

(2) 周武王进入商朝都城后,表彰**商容**,释放**箕子**,为**比干**修墓,而今日对待圣人、贤者和智者能如此致敬吗?

(3) 周武王能发放商朝仓库的粮食和鹿台里的钱币,救济贫穷,而今日能做到吗?

(4) **商汤**攻伐**夏桀**,封杞地给夏桀的后人;周武王攻伐商纣王,封宋地给商纣王的后人。商汤和周武能这么做,因为他们能够掌控局面,置之死地而不取其性命,给其封地,以示宽仁却不至于使杞、宋两国叛乱而无可奈何。今日要重建六国,那么跟随刘邦的"天下游士"得不到"咫尺之地",必将返还故里;而获得土地的六国后人,也会旋即投靠实力最强的项羽。此处已涉及封建与郡县之辨,然而,"贵族之制去,则主势孤危,在朝皆羁旅之臣,无可信托者"①,此为后话,按下不表。

"汤武之王,德洽百姓"(《史记·秦楚之际月表》),商汤和周武改朝换代的**汤武革命**为后世革命提供了榜样,此后的革命者都会被要求与商汤、周武进行对比。张良、娄敬所言,处处古今对比,言下之意,文武皆不如前,奈何今日要效仿商汤、周武?这是要提醒刘邦警惕,不要东施效颦。

立朝资源是一把双刃剑,既能够在起兵反抗时提供合理

---

① 夏曾佑,《中国古代史》,河北教育出版社,2000年,第277页。

论证从而聚拢资源,又会在立朝后构成对新朝的限制——革命建立起来的新朝,就要兑现革命时期的历史先声。吊诡之处在于,刘邦起而反秦,立朝却汉承秦制。他所反抗的对象反倒成了约束他的历史资源。"周秦之间,可谓文敝矣"(《史记·高祖本纪》)。"周尚文",世道衰微与文教疲敝相伴随,代周而起的秦朝非但不能挽救"文敝"的历史问题,反倒使用法术,火上浇油。固然如柳宗元(773—819)《封建论》所察,秦制不等于秦政,"失在于政,不在于制"。秦政出了问题,只是政策方面的失误或错误,但秦制作为一种制度安排仍然可以延续,所以汉承秦制未必会复制秦朝的错误。但问题是,既然汉不改德性,则如何避免秦政之失?秦政的历史教训不在于立朝的武力选择,而在于没有着手立教。

立朝之后,刘邦计定功劳,要论功行赏,张良退出评定,萧何就顺位为首功之臣。众将不服,以为自己披坚执锐、战场杀敌,而萧何"未尝有汗马之劳,徒持文墨议论,不战",不过是耍耍嘴皮子而已。众将刀光剑影中建功立业,他怎么就居有首功了,难道是因为带领大家革命的刘邦其实特别看重文学议论吗?

刘邦要安抚人心,当然要出面解惑,原来这些将领虽然战功赫赫,却不过是扑杀走兽的"功狗",而萧何才是发现敌踪、指示行军路线的"功人"(《史记·萧相国世家》)。更重要的是,萧何在楚汉之争时守住了关中,沿袭了秦制,保障了汉家在关中的革命根据地,从而确定了汉家王兴的基业(战国时期,魏文侯去世,武侯即位后任用田文为丞相,将军吴起不服,也有类似对话,参见《史记·孙子吴起列传》),正可谓"萧相守关成帝业"(陆游,《读史》)。

秦朝曾经焚烧《诗》、《书》,文教之迹几近熄灭;汉家立朝之后,陆贾(约前240—前170)却整日读《诗》、《书》,刘邦当然以为徒劳无功。这样看来,虽然新朝建立了,但新君主没有重视文敝的问题,遑论改革。汉高祖建立汉朝却选择汉承秦制,那就是立朝而不立教。秦朝已作为历史的镜鉴摆在那里,智与力皆有限度,如何导民以德? 更何况作为汉朝立朝资源之一的张楚政权,其创作者陈胜曾高呼"王侯将相宁有种乎"①,如此一来"田野小夫皆有南面称孤之心"(《陈亮集·问答上》),国朝将如何维系?

立教就是定位并弘扬本朝的德性,与制度(君臣关系)和历法(天人交通)的设计息息相关。虽然建立汉朝以来,"萧何次律令,韩信申军法,张苍为章程,叔孙通定礼仪"(《史记·太史公自序》),但终究是汉承秦制,也就意味着汉不改德,具体表现是:

---

① 语出《史记·陈涉世家》。世家之中,唯有孔子与陈胜不曾为一方诸侯,而《孔子世家》与《陈涉世家》相邻排序,是一文一武。参见张文江,《〈史记·太史公自序〉讲记(六)》,载《上海文化》,2014 年第 11 期,第 115 页。"二十八宿环北辰,三十辐共一毂",司马迁据此撰写三十世家,两个数字之间的差是二,可见世家之中,孔子与陈涉正是多出来的那两个。参见李长春,《司马迁的"素王"论》,载《现代哲学》,2015 年第 4 期,第 111—116 页。

叔孙通最初归顺刘邦时身穿儒服,因此遭致憎恶,于是改穿楚地制式的衣服(《史记·刘敬叔孙通列传》);此后叔孙通为汉朝制作礼仪,"大抵皆袭秦故","自天子称号下至佐僚及宫室官名,少所变改"(《史记·礼书》)。这一故事,也是汉朝立朝后从遵行楚制转向施行秦制的一个缩影。汉初政制由萧何制定,萧何"独先入收秦丞相御史律令图书藏之",可见他为汉家确定制度,所凭借的正是秦制(《史记·萧相国世家》)。萧何仰仗张苍敲定历法,从秦朝至汉初都用颛顼历。① 汉朝立朝元年(前202)和文帝后元元年(前163)都调整了历法而未改正朔,直到武帝太初元年(前104)才开始改正朔。

"王迹之兴,起于闾巷"(《史记·秦楚之际月表》),刘邦以平民之身起义,与秦国基于既有的国土横扫六国、一统天下不同——曾有大臣提议秦朝延续周制,继续实行分封制,秦始皇否定该意见;而汉朝立朝者刘邦却与诸侯"**共天下**"。并不是说刘邦有多么仰慕周制,它有一个重要的权力格局背景:在反秦事业和楚汉之争的过程中,刘邦都没有确立至高

---

① 陈久金、陈美东,《从元光历谱及马王堆帛书天文资料试探颛顼历问题》,载《中国古代天文文物论集》,文物出版社,1989年,第83—103页;唐如川,《秦至汉初一直用〈颛顼历〉——对〈中国先秦史历表·秦、汉初朔闰表〉质疑》,载《自然科学史研究》,1990年第4期,第318—333页;张强,《司马迁与西汉学术思想》,载《学海》,2004年第6期,第38、40页;李忠林,《秦至汉初(前246至前104)历法研究——以出土历简为中心》,载《中国史研究》,2012年第2期,第17—69页。

无上的领袖地位。例如,汉五年(前202),刘邦与淮阴侯韩信和建成侯彭越相约,共击楚军,然而,韩信与彭越最终都没有带兵前来。张良指出"**君王能与共分天下**"(《史记·项羽本纪》),他们才会前来。

所以,立朝之后,刘邦当然担心功臣之间的私下交往。张良深明君心,能够避开立朝后剪灭异姓王的遭遇,端赖于封爵时主动不王而为侯,不做相国而举荐萧何,更是在入关后"杜门不出岁余"。"张良欲浅,故机深无死地;韩信欲深,故其智遂为其欲所蔽,终至丧身。"①直到汉高祖身后的**吕后**(前241—前180)时期,才有"高帝定天下"的讲法,因为那时异姓诸侯王已经基本剪灭。

革命立朝时的权力格局,迫使刘邦不能完全执行秦制——用郡县,于是便分封同姓王:"天下初定,骨肉寡少,故广大强庶孽,以镇抚四海,用承卫天子也"②(《史记·汉兴以来诸侯王年表》)。在封建与郡县的抉择上,刘邦有心延续秦制建立郡县制,不过将领多是一起革命的功臣,建汉之初需要稳定人心,于是多封同姓王,郡县与封建交错,实属无可奈何之举。然而,在封建诸王和中央之间有诸多郡县作为地理屏障,这一政治地理格局本身便是秦制对周制的矫正。

---

① 阮芝生,《论留侯与三略(下)》,载《食货月刊》(11卷),1981年第3期,第97页。
② 柳宗元:"汉有天下,矫秦之枉,徇周之制,剖海内而立宗子,封功臣。"(《封建论》)

由上可见,汉朝延续了秦制和秦历,沿袭秦制成了**汉家祖制**。值得一提的是,因为汉高祖重视秦制,所以不仅要定下制度,让人为陈胜守冢,还要让人为秦始皇等人守冢,仅次于陈胜,安排了二十家为秦始皇守冢(《史记·高祖本纪》)。

然而,问题也紧随其后。既然不修改秦朝的正朔,作为开朝君主的刘邦如何确立开朝之正?张苍认为,"高祖十月始至霸上"(《史记·张丞相列传》),以为霸上奠定了除秦的事业,所以不顾秦朝也是"以十月为岁首",认定剪除暴秦的汉家正朔与秦朝的正朔一样。显然,这一论断非但没有揭露出反秦事业为历史带来的新生,却恰恰展示了秦、汉两朝之间的连续性。

刘邦建汉立朝,关于新朝正统的论证主要有两种:首先是赤帝子斩白帝子的神话(《史记·高祖本纪》)。① 刘邦夜行,路遇大蛇挡道,拔剑斩蛇。后来有人路过此地,见一老妇哭泣,问所缘由,原来是儿子白帝子化身为蛇,被赤帝子杀死。刘邦闻之窃喜,自以为是赤帝子化身无疑。第二种论证仍然借助秦朝的四帝传说,只不过将自己添为第五帝(《史

---

① 后世常以"赤帝子"之说将汉德定位为火德,这与汉初的水德定位和汉武的土德定位均不相符。有论者认为,白帝为金德,白帝子则为水德(秦朝);赤帝为火德,赤帝子则为土德(汉朝)。参见李祖德,《刘邦祭祖考——兼论春秋战国以来的社会变革》,载《中国史研究》,2012年第4期,第13—14页。这一说法固然解决了"赤帝"(火德)归给汉朝所带来的问题,将赤帝子斩杀白帝子对应为土德取代水德,但认定汉德为土德是武帝之事,高祖以汉朝为水德,该文以为汉初语境中的赤帝子为土德便缺乏说服力了。

记·封禅书》)。刘邦曾经设问秦朝祭祀哪些天帝,身旁人作答,曰白、青、黄、赤四帝;而他却以为应该有五帝而非仅仅四帝,众人皆不能对。刘邦于是抛出腹案,自问自答:"待我而具五",原来第五帝正是他本人,进而立黑帝祠(水德)。纵然此说成立,刘邦所谓的五帝又与史迁笔下《五帝本纪》之五帝又有小大之别、古今之变了。

秦始皇推演五德,确立的水德是秦朝的德性,而非他一人的德性,因此他有"传之二世、三世乃至万世"的渴望。汉高祖虽然为汉朝确立了水德,但不过是秦朝德性的延续而非克服,这一德性定位的缺陷已作用于他本人。既然汉朝德性只是秦朝德性的线性延伸,而汉朝又是代秦朝而起,那么他就要在五德说之外为自己寻求立朝神话以正名(justification)。不过,无论是赤帝子斩杀白帝子之说,还是祭祀五帝之说,都只是依托于一种神话为开朝君主一人的德性正名,但世袭制可以使子孙世袭君位,却无法使其世袭德性。有汉一朝推翻了暴秦的压迫,却遗留了本朝德性定位的立教问题。

刘邦晚年安排身后事,就定下白马之盟:"非刘氏而王者,若无功上所不置而侯者,天下共诛之。"(《史记·汉兴以来诸侯王年表》)"非刘氏不王"是确保江山归于刘氏,"非功不侯"是统治集团的拱卫。刘邦所考虑的仍然是立朝的余绪——如何守卫江山;还没有涉及如何长治久安的治世之事,甚至张良也没有着手此事。史迁绝无仅有地四次记述张良"运筹于帷幄之中,决胜于千里之外",①但他终究在立朝后归隐,颇像范蠡(前536—前448),于立教事宜无干。

三、惠吕顺守:黄老之术

立朝时刻是一种政治宣言,但不等于国朝完全安定,可能还有局部地区需要平定。所以,刘邦虽然任用叔孙通制作礼仪,然而"尚有干戈,平定四海","未追庠序之事"(《史记·儒林列传》)。在他看来,敌我生死对决时刻,怎有闲情谈论文教?立朝时刻的汉高祖尚没有余力考虑立教的问题,所以说"为天下安用腐儒"(《史记·黥布列传》),鼎革之际,儒生没有行动力,万万不能用。

刘邦并不喜欢儒生。引兵路过陈留县的时候,老儒郦食其(?—前203)想要求见,刘邦就安排手下转告,"方以天下为事,未暇见儒人也"(《史记·郦生陆贾列传》)。刘邦是"老粗出人物",军事时期不见儒生,以为儒者无用。② 要知道,刘邦的一个闻名事迹就是,一看到儒生就拿起儒生的帽子作尿壶。陆贾言必称《诗》、《书》,此举颇显异常,只是被高祖责骂就已经算是优待了。然而,陆贾心有算谋,反诘刘

---

① 阮芝生,《论留侯与三略(上)》,载《食货月刊》(11卷),1981年第2期,第54—71页。
② 陈晋主编,《毛泽东读书笔记精讲》(第四卷),广西人民出版社,2017年,第30—33页。

邦可以"马上得之"怎可"马上治之"？言下之意，暴秦之后需要摆脱秦朝政法，新朝就应该拥抱"新的生活方式与制度"。国朝已立而国教未定便遗留了如何"导民以德"的大问题，更是挑起了立朝德性的是非未定之争，因此也就无法"教民平好恶"(《史记·乐书》)，不能绵延国祚。

《史记·高祖功臣侯者年表》没有陆贾之名，可见他没有立朝之功——项羽抓获刘邦父亲为人质，陆贾被刘邦派去游说，无功而返——或者说他的品性不关心立朝的武功，更在意立朝之后的和平秩序与德性问题——两次出使南越，使得汉、越之间可以免于战争(《史记·南越列传》)。陆贾开口就谈汤、武，以为汤、武逆取顺守，"文武并用，长久之术也"，所以他质问汉高祖："乡使秦已并天下，行仁义，法先圣，陛下安得而有之？"(《史记·郦生陆贾列传》)陆贾以子之矛攻子之盾，既然刘邦觉得全凭武功打天下，文教没有意义，那么以后见之明回望过去与当下，如果暴秦行仁义，又怎会有秦末起义和今日的国朝呢？陆贾没有只盯着立朝时刻(向过去看，自命为旧时代的历史终结者)，而是把问题推向国朝的长治久安(向未来看，自视为新时代的历史开创者)。

汉高祖立朝后便在楚汉之争的视野下理解新朝——频频将自己与项羽对比，却忘记了革命的最初目标——反对暴秦，处置文敝。在陆贾的提议下，刘邦自惭形秽，竟无言以对，建议陆贾"试为我著秦所以失天下，吾所以得之者何，及古成败之国"(《史记·郦生陆贾列传》)。此时,刘邦已经不再单纯考察楚汉之争了,那只是起义军统一战线中的内战,转而考察秦亡汉兴这一变局的大事因缘,进而要从这一次具体的历史变局中总结出国朝兴亡的一般历史法则。

陆贾便从周室衰微作为叙述之始,认为要"以序终始,追治去事,以正来世,按纪图录,以知性命,表定《六艺》,以重儒术"。陆贾思考秦朝"统四海之权,主九州之众",武力如此强盛,却终究不能自存,"乃道德不存乎身,仁义不加于下也"(《新语·本行》)。日月星辰皆不变改,然而尧舜可以兴,桀纣却终究亡,"天道不改而人道易也"(《新语·明诫》)。"君子见恶于外,则知变于内矣"(《新语·思务》)。要从历史(历时性)和外在(共时性)的兴衰中看到自己的某种可能。

周朝末年人世衰败,由春秋又入战国,自战国以来甚至到了汉高祖时期,一直有一种流行的看法,认为人世既然衰变,就不适合重新再讲五帝、三王的故事了,一切都是情境使然,非不为也,实不能也。"五帝三皇神圣事,骗了无涯过客"。陆贾批评了这种看法,人世固然可以塑造人,却也由人塑造。

> 道而行之于世,虽非尧、舜之君,则亦尧、舜也。今之君者则不然,治不以五帝之术,则曰今世不可以道德治也。为臣者不思稷、契,则曰今之民不可以仁义正也。

> 为子者不执曾、闵之质,朝夕不休,而曰家人不和也。学者不操回、赐之精,昼夜不懈,而曰世所不行也。(《新语·思务》)

"仁者在位而仁人来,义者在朝而义士至。"秦朝仁义不施,所以纵然有忠臣良策,也不愿意诉诸朝堂,终究土崩瓦解。汉武帝时期,儒生严安(前156—前78)曾经指出黎民如果穷困就会不安,不安就容易躁动,引发政治变局,从而形成"土崩之势"。儒生徐乐进而区分了"土崩"与"瓦解"的含义,他认为"天下之患在土崩,不在瓦解"(《史记·平津侯主父列传》)。土崩就是"由民困而主不恤,下怨而上不知,俗已乱而政不修",可以说是内在的瓦解;而瓦解则是各路造反大军,是外在的式微。"土崩"比"瓦解"更重要,就意味着朝廷内部的德性比外在的势力更加重要。所以,沿着这一思路,西汉末年的扬雄(前53—18)就曾直指,没有陈胜、吴广发轫,秦朝也会亡的,"秦未亡而先亡矣"(《法言·重黎》)。

高祖朝的陆贾逐条上陈有关周秦之变和秦汉之变的经验教训,以及汉家立朝的思考,合成《新语》一书,观其书名,其义自见——新朝需要新语。因为有了这番洗涤,汉高祖就对太子(即后来的汉惠帝)讲述自己"遭乱世",在秦"禁学"之时"谓读书无益",然而立朝以来,"追思昔所行,多不是"(《古文苑·卷十·敕太子文》)。讲给太子就意味着讲给下一代君主,描述新朝的未来道路,祖制未改,但汉承秦制的祖训已经有所松动。**汉惠帝刘盈**(前210—前188)当政第四年(前191),汉家不再使用秦朝时通行的《挟书律》,不过,虽然不再"以法为教",但仍旧"以吏为师"。

汉惠帝是汉高祖与吕后的儿子,虽然是母子关系,但吕后也没有手软。汉惠帝名义上做了七年皇帝(前195—前188),但政事都归吕后。史迁记述"太后称制",天子之言即制书或诏书,此处说太后称制,无疑是在明示吕后僭越,吕后虽然没有天子之位,却行天子之政,所以史迁直接书以《吕太后本纪》,而没有《惠帝本纪》。① 这样照直书写,不是在历史上肯定吕后的统治正当性,而是直白地揭示出名实不副的历史与现实。汉惠帝先吕后而去,吕后又立汉惠帝的两个儿子为少帝(前少帝、后少帝),不计入正统,仍可以被纳入吕后的执政时期(前195—前180)。史迁以"垂拱而治"描绘吕后的统治,包含三个层次:

(1)汉朝刚刚建立,"黎民得离战国之苦","君臣俱欲休息乎无为"。因为有了战国以来的武力之苦,君臣都想休息无为,所以关系也相对和睦。

(2)"惠帝垂拱,高后女主称制","刑罚罕用";虽然汉承秦制,甚至群臣上书的时候都要像秦朝时那样,先说"昧死

---

① 韩兆琦,《史记笺证》,江西人民出版社,2004年,第769—770页。

言"(蔡邕,《独断》),却没有承袭暴秦的严刑峻法。

(3)"民务稼穑,衣食滋殖",官不扰民,使民众得以务本。① 这样一来,"政不出房户,天下晏然"。朝廷不用管那么多,天下人仍然安居乐业。

值得一提的是,司马迁所描述的汉惠帝与吕后的**历史处境**,并不仅仅是承秦之敝或接续汉高祖,而是"黎民得离战国之苦",即承接周朝末年的凋敝。言下之意,周朝末年以来的政治德性问题,直到吕后执政时期才进入**转关**,有了解决的可能。那么,汉惠帝与吕后的解决办法究竟是什么,"垂拱而治"意味着什么?

> 太史公曰:始齐之蒯通及主父偃读乐毅之报燕王书,未尝不废书而泣也。乐臣公学黄帝、老子,其本师号曰河上丈人,不知其所出。河上丈人教安期生,安期生教毛翕公,毛翕公教乐瑕公,乐瑕公教乐臣公,乐臣公教盖公。盖公教于齐高密、胶西,为曹相国师。② (《史

---

① 李开元,《汉帝国的建立与刘邦集团——军功受益阶层研究》,生活·读书·新知三联书店,2000年,第257页。

② 乐臣公久居赵国,将黄老之术传授给盖公(《史记·乐毅列传》)和田叔(《史记·田叔列传》);而慎到(约前390—前315)、新垣平和窦太后都是赵国人。赵人和赵人思想似乎与汉初的政治有某种内在关联,有趣的是,在《史记·赵世家》中,太史公的判词正是:"吾闻冯王孙曰:'……迁素无行,信谗,故诛良将李牧,用郭开。'岂不谬哉。"冯王孙乃冯唐之子,结合《史记·张释之冯唐列传》可知,此处讽刺汉武帝,故有唐人"冯唐易老,李广难封"之语(王勃,《秋日登洪府滕王阁饯别序》);此外,司马迁遭遇腐刑,导火索便是李广(?—前119)之孙李陵(前134—前74)之事。

记·乐毅列传》)

汉惠帝与吕后垂拱而治,这与二人信奉黄老之术不无关系:乐臣公将黄老之术传授给盖公和田叔(《史记·乐毅列传》,《史记·田叔列传》)。曹参(?—前190)曾与汉高祖刘邦之子齐王刘肥(前221—前189)搭班,做齐国的相国,"齐七十城",是最大的诸侯国。但此一背景是"诸民能齐言者皆予齐王"(《史记·齐悼惠王世家》),只要能讲齐地方言的人就都归于齐王,领地最大的另一面是民众品性参差不齐——看来齐国不好治理。曹参听闻"胶西有盖公","善治黄老言",请盖公为之出谋划策,盖公所言正是清静无为之治,"治道贵清静而民自定"。此后曹参就按照清静无为的思路治理齐国,九年时间,"齐国安集"(《史记·曹相国世家》)。

汉惠帝二年,萧何去世,曹参由齐国这一诸侯国的相国晋升为中央朝廷的相国,清静无为,"举事无所变更,一遵萧何约束"。沿用萧何之制,可谓"萧规曹随",选用"重厚长者",至于想要求得名声的那些人("欲务名声者")则罢免不用。而汉惠帝年少,或希冀有所作为,以为曹参"不治事",所以就问曹参为何整日无所事事,于是便有了君臣之间关于如何治理人间世的对谈。曹参反过来让汉惠帝比较开朝以来两代君主和两代相国,汉惠帝自承无法与汉高祖相比,而曹参又似不及萧何。于是曹参道出制作与因应之别:"高帝

与萧何定天下,法令既明","今陛下垂拱,参等守职,遵而勿失,不亦可乎?"(《史记·曹相国世家》)

曹参接掌相位,沿用治理齐国时的办法,"清静极言合道","载其清净,民以宁一"。因为汉高祖与萧何底定天下、确立祖制,当朝第二代君臣只需要无违祖制就不会有失,以静制动、守先待后,不是很好吗?曹参显然自视为秦汉之变后立朝事业的守卫者,史迁心知肚明,也在秦、汉转关的意义上理解他,认定他仍然是属于立朝时刻的人物:"百姓离秦之酷后,参与休息无为,故天下俱称其美矣"(《史记·曹相国世家》)。曹参之后,汉廷再无相国,仅设左右丞相二人,亦足见其为立朝事业奠基的非常地位。

曹参治齐,正如黄帝、扁鹊"随俗为变"(《史记·扁鹊仓公列传》),行医问病,也容易让人想到姜太公对齐国的治理(《史记·齐太公世家》)。史迁关于曹参的记录,恰与周朝时齐鲁之辨有所对应:姜太公吕尚就封于齐国,"五月而报政周公",如此迅疾,因为治齐之法,一切皆在因应,"简其君臣礼,从其俗为也"。相比之下,周公之子伯禽就封鲁国,"三年而后报政周公",如此迟缓,只因治鲁之法是"变其俗,革其礼",非一日之功。

鲁国制作新礼而齐国因应旧俗,周公哀叹鲁国后世将"北面事齐",以齐国为尊,端赖于为政简易。若有"平易近民"的近平之举,"民必归之"(《史记·鲁周公世家》)。《史记》世家第二、三篇(《齐太公世家》,《鲁周公世家》)揭露的两种治世之道,在后世孔老之辨的学说争论和现实政争中均有体现;还可以对照《史记·货殖列传》所言:"善者因之,其次利道之,其次教诲之,其次整齐之,最下者与之争。"前二者是道家的上下乘,后二者是儒家的上下乘。①

那么,汉惠帝和吕后"垂拱而治"、曹参与民休息无为,与姜太公因应旧俗治理齐国一样吗?史迁特意讲明惠吕时期的政治形势,"公卿皆武力有功之臣"(《史记·儒林列传》),朝堂之上的重臣都是与刘邦一起打天下的功臣、武力立朝时刻的非凡人物。而汉惠帝与吕后的统治资源端赖于汉高祖,因此所谓"无为而治"、"休养生息"不过是"逆取顺守",与"清静无为"的内圣修炼无关(从而并非"内圣外王"一途),无论曹参还是吕后(萧规曹随,沿用祖制),其所谓"无为"都有时势所迫,可以说是不得已而为之,或不得已而不为。这里的"无为"实际是"无违","因循为用"(《史记·太史公自序》)。②

所以,汉惠帝去世后,继续执掌朝政的吕后特意设置了"孝悌力田"(《史记·汉兴以来将相名臣年表》),表彰遵守孝道之人,背后的政治意图可以想见。吕后杀掉汉高祖的许多儿子,除掉开朝功臣,大力提拔吕氏宗亲,甚至破坏白马之

---

① 张文江,《〈史记·货殖列传〉讲记》,载氏著,《古典学术讲要》,上海古籍出版社,2012年,第50页。
② 阎步克,《士大夫政治演生史稿》,北京大学出版社,1996年,第268—299页,尤见第277、291页。

盟,封吕氏为王,只是更换统治集团的人员构成,却始终没有改变汉高祖确立的政制安排和政治道路。

"天下初定,方纲纪大基,高后女主,皆未遑,故袭秦正朔服色"(《史记·历书》)。史迁屡屡在提到汉惠帝和吕后时说"天下初定",便意味着那时的主要事业是立朝。立朝不仅仅是推翻秦朝暴政压在黎民身上的大山,还是逆转项羽当权的楚制势态,更是要在建立汉朝之后在国朝内部重整朝纲。汉惠帝和吕后不敢造次,仍然沿袭秦朝的正朔和服色,就是无违汉承秦制的汉朝祖制。汉高祖和吕后都提到"未遑",就是都没来得及,确实是历史时间问题,要等待*秩序与历史*完备相遇才好。

这番垂拱而治与黄老之学有关,可在司马迁的叙事中,黄老不仅有"清静无为"的一面,还有"刑名"的一面,如何理解"黄老之术"的内在张力?

第四章　黄老之学：人世与刑名

一、老子的人世论

史迁以黄帝开篇，作为五帝之首，为《史记》及其所记的人世奠定基调，但在老子的人世论中，黄帝这一历史起点其实恰恰是人世衰败的开始。衰败就在于"国之利器"既已制作便是"示人"（《老子》第三十六章）。《老子》第三十八章呈现了一个宏大的人世（无论马王堆本还是今本，都将本章视作《德经》第一章），在老子的视界中，仁、义、礼皆是人为制作，已失之于末流：

> 上德无为而无以为也，上仁为之而无以为也，上义为之而有以为也，上礼为之而莫之应也，则攘臂而扔之。故失道而后德，失德而后仁，失仁而后义，失义而后礼。

夫礼者,忠信之薄而乱之首也。

撇开后世老、庄孰先孰后之争不谈,史迁认为,庄子诋毁孔子之徒,申明老子之术(《史记·老子韩非列传》),而《老子》这段话,几乎以重复的方式出现在《庄子》笔下的黄帝口中:

> 夫知者不言,言者不知,故圣人行不言之教。道不可致,德不可至。仁可为也,义可亏也,礼相伪也。故曰:"失道而后德,失德而后仁,失仁而后义,失义而后礼。礼者,道之华而乱之首也。"①

无论孔子和老子孰先孰后,由"仁"而"义"再到"礼"也正是孔、孟、荀之变。除此之外,《老子》之说不是"玄之又玄"的"空言",而可以"见诸行事";第三十八章显然揭示了某种衰退,或许可以与五帝以来三代得失的历史做某种对应。史迁在评价汉高祖刘邦时就记下了这种夏、商、周、秦、汉五代大历史的对应。对应之后,可得出如下三个阶段的人世景观:

---

① 《庄子·外篇·知北游》。对勘《庄子·外篇·天道》:"天道运而无所积,故万物成;帝道运而无所积,故天下归;圣道运而无所积,故海内服……夫虚静恬淡寂寞无为者,天地之平,而道德之至,故帝王圣人休焉。"逯耀东先生据《庄子·外篇·知北游》、《庄子·外篇·缮性》而径直认为"黄帝经庄子之援,与老子思想合一",似有些仓促。参见逯耀东,《抑郁与超越:司马迁与汉武帝时代》,生活·读书·新知三联书店,2008年,第52页。

(1) 道:无为而无不为;

(2) 五帝:上德无为而无以为(失道而后德);

(3) 三代:上仁为之而无以为(失德而后仁),上义为之而有以为(失仁而后义),上礼为之而莫之应(失义而后礼)。

三代讲究"仁义礼",至周朝蔚为大观,孔子强调"仁义礼",又讲"郁郁乎文哉,吾从周",因为周朝"尚文",所谓"文"便是礼仪典章。后人据意所补第四个阶段"失礼而后法"①恰恰可以对应秦朝。如此一来,便形成了自五帝以来的历史解释。

人世的衰败亦见于《庄子》;《庄子》内篇凡七篇,第七篇《应帝王》记述了"混沌"七日七窍亡的故事:

> 南海之帝为倏,北海之帝为忽,中央之帝为浑沌。倏与忽时相与遇于浑沌之地,浑沌待之甚善。倏与忽谋报浑沌之德,曰:"人皆有七窍以视听食息,此独无有,尝试凿之。"日凿一窍,七日而浑沌死。

倏、忽二帝为了报德,便仿照人之七窍为浑沌开窍,结果反倒致其死亡。这是一则七日的创世记,以寓言的故事揭示了老子上述人世的逐渐败坏。这则创世记的故事结尾是浑

---

① 清人孙宝瑄(1874—1924)补"失礼而后法",参见孙宝瑄,《忘山庐日记》,上海古籍出版社,1983 年,第87 页;转引自张文江,《〈史记·太史公自序〉讲记(二)》,载《上海文化》,2014 年第3 期,第114 页。

沌死(chaos)而秩序生(cosmos),然而最后的字眼不是"生"而是"死",这个创世记并不壮烈,反倒悲凉。

三代以下,人世只有"治天下"的理想,殊不知,"治天下不如安天下,安天下不如天下安"①。原来,五帝、三王以降,"天下安"(五帝时代,天下自安)与"安天下"(三王时代,贤王安顿天下)都不复见于世,唯有"治天下"一途。所以孟子才讲"一治一乱",可见已洞悉时事与时势。

二、黄老的刑名说

史迁笔法微妙,细心阅读才发现,有的学问与老子有关,而有的则与"黄老"(或"黄帝、老子")有关,《史记·老子韩非列传》勾勒了老子和黄老之学与其他学说的关系:

(1) 本归于老子

庄子者……其学无所不窥,然其要本归于老子之言。

(2) 本于/归本于黄老,学黄老道德之术

申不害者……申子之学本于黄老而主刑名。

韩非者……喜刑名法术之学,而其归本于黄老……

---

① 吕思勉,《中国社会变迁史》,载《吕思勉文集·中国文化思想史九种》(下),上海古籍出版社,2009年,第729页。

与李斯俱事荀卿,斯自以为不如非。

> 慎到,赵人。田骈、接子,齐人。环渊,楚人。皆学黄老道德之术,因发明序其指意。

看来在史迁笔下,老子之言不等于黄老之学。《史记·五帝本纪》开篇讲黄帝"成而聪明",而《史记·太史公自序》就已讲明道家之学的核心在于:"大道之要,去健羡,绌聪明,释此而任术"(亦勘《庄子·外篇·在宥》)。既然黄帝作为历史起点,恰恰在于他的"治民"制作,如此"敢为天下先",而老子却是"隐君子","世莫知其然否",老子的三宝之一便是"不敢为天下先"(《老子》第六十七章)。如前所述,在老子的人世论中,黄帝这一历史起点其实恰恰是人世衰败的开始。

显而易见,在史迁的记述中,唯有庄子本归于"老子",其余申、韩、慎到、田骈、接子、环渊,都学自"黄老",似乎法家一系均本于"黄老"。① 老子"无为而治"的正宗仍是南楚之学,②

---

① 唐兰,《马王堆出土〈老子〉乙本卷前古佚书的研究——兼论其与汉初儒法斗争的关系》,载《考古学报》,1975 年第 1 期,第 11 页。需特别强调,《史记·老子韩非列传》认为老子为楚人,"楚苦县厉乡曲仁里人也"。

② 关于《老子》是否为楚学的争论,参见朱谦之,《老子韵例》,附录于《老子校释》,中华书局,2000 年,第 313—332 页;王博,《老学非楚学论》,载《学术界》,1990 年第 5 期;孙以楷,《老学是楚学——与王博博士商榷》,载《学术界》,1991 年第 5 期;李水海,《老子道德经楚语考论》,陕西人民教育出版社,1990 年;刘笑敢,《老子——年代新考与思想新诠》,东大图书公司,1997 年;高华平《先秦诸子与楚国诸子学》,北京师范大学出版社,2016 年。

南楚之学北行于滕国,所以曾经就有**许行**之徒在滕国说教(滕国"间于齐楚",南北之学交汇处),宣传复兴神农之道,与南楚庄子之学一致。① 神农之道已不可复,南楚之学要在齐国留下繁衍,与齐鲁儒生正面交锋,便要调整,"橘生淮南则为橘,生于淮北则为枳"。司马迁将这些已成为齐学一支却"本于老子"的学说命名为"黄老之学",这便是齐国道家或北方道家(黄老),有别于南楚道家或老庄道家(老庄)。另一方面,法家以三晋最盛,所以有"三晋法家"之说。太史公亦言:"三晋多权变之士,夫言从衡强秦者大抵皆三晋之人也"(《史记·张仪列传》)。然而法家不仅限于一隅,又在齐、秦东西两国繁衍,所以又有齐国法家与秦国法家。秦、晋地理相近,两国法家也接近,成就法家学说意义上的"秦晋之好"——正因如此,以往政治意义上的"秦晋之好"破裂;齐、晋两国法家则颇有不同。

黄老之学大抵北方道家或"道法家"的意思,与法家构成了形上论与形下说的关系。② 黄老之学兼具清静无为和

---

① 蒙文通认为农家与其他均有别:"许行亦楚产也,至欲并耕而食,饔飧而治,废君臣上下,故无事圣王,与儒墨东方之化殊,与法家西方之治亦别。"参见蒙文通,《周秦民族与思想》,载氏著,《经学抉原》,上海人民出版社,2006 年,第 141 页。

② 类似研究如张富祥,《黄老之学、道法家与韩非的学术渊源》,载《国学学刊》,2013 年第 3 期,第 100—111 页;张富祥,《黄老之学与道法家论略》,载《史学月刊》,2014 年第 3 期,第 28—39 页;宋洪兵,《论司马谈之"道家"概念与司马迁之"黄老"概念》,载《国学学刊》,2016 年第 2 期,第 16—26 页。

刑名法术,便不奇怪了,然而为何会有二者的结合,或者说二者是怎样结合的? 换言之,清静无为的同时如何又能做到有为?

> 静制动,牝胜牡,先自胜而后能制天下之胜,其言三宝"一慈,二俭,三不敢为天下先",故含德之厚,比于赤子,致柔之极,有若婴儿,乃混沌初开之无为也……及世运日新,如赤子婴儿日长,则其教导涵育有简易繁难之不同;惟至人能因而应之,与民宜之。故尧称无名,舜称无为,夫子以仲弓居敬行简可使南面,其赞《易》惟以《乾》《坤》易简为言,此中世之无为也……今夫赤子乳哺时,知识未开,呵禁无用,此太古之无为也。逮长,天真未漓,则无窦以嗜欲,无芽其机智,此中古之无为也。及有过而渐喻之,感悟之,无迫束以决裂,此末世之无为也。时不同,无为亦不同。(魏源,《老子本义》)

老子有三大法宝,"慈,俭,不敢为天下先"。"慈"是对人,"俭"是克己,"不敢为天下先"是对历史,这三宝似乎都是某种"有为",而非"无为"。因此,要更好地理解"无为",可能就需要先调整议题,"无为"是否有多种可能? 原来,"无为"有三种:

(1) 鸿蒙之初,浑沌状态,这是"太古之无为";

(2) 既然已经进入人世,能够天真未泯,无违真心,此

为"中古之无为";

（3）犯下过错，幡然悔悟，懂得有所为又有所不为，此为"末世之无为"（对照《论语·子路》："不得中行而与之，必也狂狷乎，狂者进取，狷者有所不为也"）。

汉高祖时期，陆贾虽然是南方的楚人，但所因袭的却是北方之学，其所谓"无为"更近儒家之论（上述第三种无为）：

> 道莫大于无为，行莫大于谨敬。何以言之？昔舜治天下也，弹五弦之琴，歌《南风》之诗，寂若无治国之意，漠若无忧天下之心，然而天下大治。周公制作礼乐，郊天地，望山川，师旅不设，刑格法悬，而四海之内，奉供来臻，越裳之君，重译来朝，故无为者乃有为也。（《新语·无为》）

上述三种无为是就人而言的，若就国朝君臣而言，除了鸿蒙之初的浑沌状态，另外两种无为是：

（1）无违祖制而无为（清静无为）；

（2）君在上无为，臣在下有为（法家之术），韩非子主张君主"周而不宣"，即秘而不宣，圣意难测，从而主安臣劳，无为而无不为。

吕后的垂衣而治更像是法家提供的第二种无为：

> 之主者，守至约而详，事至佚而功，垂衣裳，不下箪

席之上,而海内之人莫不愿得以为帝王。夫是之谓至约,乐莫大焉……既能当一人,则身有何劳而为,垂衣裳而天下定。(《荀子·王霸》)

大王垂拱以须之,天下编随而服矣,霸王之名可成。(《韩非子·初见秦》)

人主甘服于玉堂之中,而无瞋目切齿倾取之患;人臣垂拱于金城之内,而无扼腕聚唇嗟嗜之祸。(《韩非子·守道》)

以韩非子为例,他无疑认为一代有一代之法,不能守株待兔:

今有构木钻燧于夏后氏之世者,必为鲧、禹笑矣;有决渎于殷、周之世者,必为汤、武笑矣。然则今有美尧、舜、汤、武、禹之道于当今之世者,必为新圣笑矣。是以圣人不期修古,不法常可,论世之事,因为之备。(《韩非子·五蠹》)

如果到了夏朝还在钻木取火,那么鲧和禹一定会笑了;如果到了殷、周时代,还在开渠治水,商汤和周武也一定会笑了。时代变了,今日复今日,今日何其多,怎能刻舟求剑,一味旧事重提,不断诉诸尧、舜、汤、武呢?《韩非子·定法》言及"今申不害言术,而公孙鞅为法",都是"帝王之具"。认为五帝、三王讲法术,这确实是老子与韩非子的共识,然而其立意相差甚远。在老子而言,法术是一种腐败;在韩非子看来,却是应时之作、趁势之举。两人所见的人世大不相同,所以讲法家本于黄老就意味着法家削删老子的人世。

难道韩非子与**商鞅**见识短浅,不知道人世之深远? 当然不是,商鞅见**秦孝公**,一开始讲帝道,秦孝公不感兴趣,再见时讲王道,还是不受欢迎,第三次则抛出霸道,秦孝公顿感精神抖擞,认为秦国复兴有望。《史记·商君列传》记述商鞅三见秦孝公方才讲出霸道,博得赏识,从而奠定秦国政法。因为秦孝公即位后"思念先君之意,常痛于心"(《史记·秦本纪》),有复兴秦国之心、图强谋霸之意。有此背景才有了商鞅入秦,因此,孝公可能给商鞅三次机会,而引荐者景监不必太过担心引荐不当所连带的政治和生命风险。以商鞅之识,想必知晓秦孝公急需何种治术,司马迁笔法如此,或许正是为了揭示法家也知晓同样宏大的人世观,然而归宿不同。① 而韩非子也讲"古人极于德,中世逐于智,当今争于力"(《韩非子·八说》)。道法两家判断一致,而因其人世观不同,老子返本,韩非开新。

---

① 当然,醇儒或许会认为法家即便能看到这一层,也不过是"叶公好龙",例如,孔子读到《诗经》中的"唐棣之华,偏其反而。岂不尔思,室是远而","棠棣花开,翩翩起舞,十分美丽,这里的人却辩称不是不喜欢,而是住的太远了,空间上的遥远让他无法欣赏。然而孔子却说,"未之思也,何远之有"(《论语·子罕》),是心里面没有,不能怪罪遥远的距离——无论空间还是时间,都不足以压制真心所向。

在主张"变法"的法家眼中,人世显然是进步的,否则何必"法后王"? 司马迁只讲法家本归于"黄老",以法家的眼光审查老子,那就是"君人南面之术",所谓无为而治的理想人世(五帝之前的人世)便可以被删削为"垂拱(老子)而治(黄帝)"或"无为(老子)而治(黄帝)"。

因此,通过"黄老",既可以看到清静无为的老子之学,亦可以看到被删削后的君人南面之术(有为),"阴谋修德",从而成为刑名之学。无为与有为的张力在文景之治中更加明显。汉初垂拱而治的表述与吕后和文景二帝的"黄老之学"不无关系,这种"垂衣而治"也被司马迁用于汉朝政治的记述:

> 孝惠皇帝、高后之时,黎民得离战国之苦,君臣俱欲休息乎无为,故惠帝垂拱,高后女主称制,政不出房户,天下晏然。刑罚罕用,罪人是希。民务稼穑,衣食滋殖。(《史记·吕太后本纪》)
>
> 窦太后好黄帝、老子言,帝及太子诸窦不得不读黄帝、老子,尊其术。(《史记·外戚世家》)
>
> 孝文帝本好刑名之言,及至孝景,不任儒者,而窦太后又好黄老之术。(《史记·儒林列传》)

周朝末年"道术将为天下裂",礼乐官学流落民间,百家学说兴起,其中儒、墨、道三家都是针对周朝末年文敝这一历史问题而起的。墨家帮助秦朝强盛,却因为自身的高度组织化和严明的纪律,反倒遭致秦朝官方查办,最后消匿于秦;① 而因为焚书,儒家力量也在秦朝式微。这样一来,挽救文敝的儒、墨两家都在秦朝起兴的历史进程中受到打压。而秦朝灭亡后,法家之术也失去人心,不复有吸引力,至少不能公然使用,似乎只有道家可供选择,这便是汉朝立朝时的思想处境。此外,再考虑到刘邦自楚地(南方集团)而来,汉初采用老子之学既有现实的考量,又有历史的机缘和理念的契合。

然而,曹参的做法是"萧规曹随",窦太后(?—前135)仍然沿用汉文帝之制,二者所谓的"无为"说到底是**不得已而不为**。况且,即便称吕后行老子之治亦有不当。《易·系辞下》有言:"黄帝、尧、舜垂衣裳而天下治,盖取诸乾坤。"顾炎武(1613—1682)注解:"垂衣裳而天下治,变质而之文也。自黄帝、尧、舜始也。故于此有通变宜民之论"(《日知录》卷一)。结合上述老子的人世,"垂衣裳而天下治"是黄帝之政而非老子主张,老子眼中,怕是"帝力于我何有哉"。

黄帝以行迹闻名于世,老子以千言传世,以《黄帝内经》为据,断定"黄老"并称中《老子》是实质而黄帝只是挂名,并不成立。要注意到,黄帝与老子的一大共同点是他们的"寿",黄帝之术也便是长久之术了。至于"黄老"并称,一方

---

① 何炳棣,《国史上的"大事因缘"解谜:从重建秦墨史实入手》,载氏著,《何炳棣思想制度史论》,范毅军、何汉威整理,台北联经出版事业股份有限公司,2013年,第331—384页。

面指涉法家("刑名之言"),另一方面指涉汉初政治("黄老之术"),黄老并称的说法可以使法家思想与汉初政治合体。这样来看,法家与汉初政治正是黄老并称这一"名"背后的"实"。对法家来说,一种论说必定要效法某家思想,所以取老子来申说;对于汉初政治而言,一种政权则必定要效法某个帝王,所以取黄帝来申说。

三、阴谋:修德与逆德

老子与法家都讲阴谋,但二者有很大不同。秦始皇次子胡亥与赵高、李斯"阴谋"处置了秦始皇写给扶苏的信,篡改君命,登基即位为秦二世,他获得君位后又"阴与赵高谋",暗中谋划如何坐稳君主的宝座。秦末危亡之际,赵高却"阴与其婿咸阳令阎乐、其弟赵成谋",杀掉了秦二世,拥立子婴即位(《史记·秦始皇本纪》,《史记·蒙恬列传》)。在反秦统一战线中,也存在阴谋,攻下秦朝之后,因为前有约定,"先入咸阳者王",项羽想要背弃约定,于是与范增"阴谋"任命刘邦为汉王(《史记·项羽本纪》),让他远赴巴蜀困窘之地。

到了汉朝,吕后去世之后,诸大臣"相与阴谋",论定接班人问题(《史记·吕后本纪》)。另一边,吕氏族人谋划先下手为强,作乱天下;齐王与自己的近臣"阴谋发兵"(《史记·齐悼惠王世家》),抢先一步。《史记》十表中,凡涉及"谋"的义项,几乎都是"谋伐"或"谋反"。

然而,《史记》中既记载了"阴谋逆德",也记载了"阴谋修德"。看来,虽然同是阴谋手段,志业却有正反之别。

>周西伯昌之脱羑里归,与吕尚阴谋修德以倾商政,其事多兵权与奇计,故后世之言兵及周之阴权皆宗太公为本谋。(《史记·齐太公世家》)姬昌与吕尚阴谋修德,最终颠覆商朝政权、建立周朝奠定基业。
>
>田厘子乞事齐景公为大夫,其收赋税于民以小斗受之,其禀予民以大斗,行阴德于民,而景公弗禁。由此田氏得齐众心,宗族益强,民思田氏。晏子数谏景公,景公弗听。已而使于晋,与叔向私语曰:"齐国之政卒归于田氏矣。"(《史记·田敬仲完世家》)田氏阴谋修德,最后实现了田氏代齐的大事件。

那么究竟该如何评判"阴谋"是"修德"还是"逆德"?这当然涉及对某些政治举措的价值判断。

>范蠡谏曰:"不可。臣闻兵者凶器也,战者逆德也,争者事之末也。阴谋逆德,好用凶器,试身于所末,上帝禁之,行者不利。"(《史记·越王句践世家》)

越王勾践眼看吴王夫差"日夜勒兵",因为吴国实力的增加而引发恐惧,遂决定先发制人伐吴。为什么在史迁看来,越王此举就是阴谋逆德,而周文王与姜太公却是阴谋修德?既然都是要**颠覆**(upside down)某个政权,差别在哪?既然二者都是"阴谋",那么看来问题不在于**知谋之术**,而在于**所谋之业**。

"太上修德,其次修政,其次修救,其次修禳,正下无之"(《史记·天官书》)。阴谋修德是道家无为之意,而一旦无为而无不为,阴谋可能走向"道可盗",从而造成"盗可道"的指鹿为马局面。

> 始陈平曰:"我多阴谋,是道家之所禁。吾世即废,亦已矣,终不能复起,以吾多阴祸也。"然其后曾孙陈掌以卫氏亲贵戚,愿得续封陈氏,然终不得。(《史记·陈丞相世家》)

陈平多次出谋划策(颇为著名的便是离间范增与项羽),然而就在陈平这番无法善始善终的自我预言之后,史迁却说他终究得到了"善始善终":

> 太史公曰:陈丞相平少时,本好黄帝、老子之术。方其割肉俎上之时,其意固已远矣。倾侧扰攘楚魏之闲,卒归高帝。常出奇计,救纷纠之难,振国家之患。及吕后时,事多故矣,然平竟自脱,定宗庙,以荣名终,称贤相,岂不善始善终哉!非知谋孰能当此者乎?(《史

记·陈丞相世家》)

"本好黄帝、老子之术",却为道家所禁,看来道家之学与黄老之术颇有不同。这里促使陈平善始善终的"知谋"岂不正是逆德之阴谋?不妨对照另一处有关"善始善终"的表述,彼处则是周成王姬诵(前1055—前1021)修德,然后才能守成国朝,善始善终:

> 太史公曰:余每读虞书,至于君臣相敕,维是几安,而股肱不良,万事堕坏,未尝不流涕也。成王作颂,推己惩艾,悲彼家难,可不谓战战恐惧,善守善终哉?君子不为约则修德,满则弃礼,佚能思初,安能惟始,沐浴膏泽而歌咏勤苦,非大德谁能如斯!(《史记·乐书》)

修德可以建立国朝:

> 轩辕乃修德振兵,治五气,艺五种,抚万民,度四方,教熊罴貔貅䝙虎,以与炎帝战于阪泉之野。(《史记·五帝本纪》)轩辕修德,奠定黄帝基业,开创五帝的人世新时代。
> 汤修德,诸侯皆归汤,汤遂率兵以伐夏桀。(《史记·夏本纪》)商汤修德,诸侯归心,攻伐夏桀,建立商朝。

西伯归,乃阴修德行善,诸侯多叛纣而往归西伯。(《史记·殷本纪》)西伯修德,诸侯归从,虽然未能完成立朝事业,却为周朝天下奠定了坚实基础。

[引者按:吴起对魏武侯讲]昔三苗氏……德义不修,禹灭之。夏桀之居……修政不仁,汤放之。殷纣之国……修政不德,武王杀之。由此观之,在德不在险。若君不修德,舟中之人尽为敌国也。(《史记·孙子吴起列传》)

修德可以使国朝中兴:

帝太甲修德,诸侯咸归殷,百姓以宁。伊尹嘉之,乃作太甲训三篇,襃帝太甲,称太宗。(《史记·殷本纪》)君主修德,从而延绵国祚。

伊陟曰:"臣闻妖不胜德,帝之政其有阙与?帝其修德。"(《史记·殷本纪》)

帝武丁得傅说为相,殷复兴焉,称高宗。有雉登鼎耳雊,武丁惧。祖己曰:"修德。"武丁从之,位以永宁。后五世,帝武乙慢神而震死。后三世,帝纣淫乱,武王伐之。由此观之,始未尝不肃祗,后稍怠慢也。(《史记·封禅书》)

先王之顺祀也,有不祭则修意,有不祀则修言,有不享则修文,有不贡则修名,有不王则修德,序成而有不至

则修刑。(《史记·周本纪》)

[引者按:秦孝公]下令国中曰:"昔我缪公自岐雍之闲,修德行武。"(《史记·秦本纪》)前文已指出,秦孝公有承前启后、继往开来的充分政治自觉,在他与商鞅的君臣努力之下,秦国中兴,奠定了代周而起的秦朝基业。

"能行之者未必能言,能言之者未必能行"(《史记·孙子吴起列传》),史迁指出,吴起教育魏武侯"形势不如德",再好的势与力都不如修德,然而轮到他自己行事,却又"刻薄少恩",最后身亡。"后人哀之而不鉴之,亦使后人而复哀后人也",人们从历史中所应吸取的最大教训岂不正是人们从不吸取历史教训?后人读史至此,怎能不警醒?

再回过头来看越王勾践伐吴之举,就有前后之别。范蠡最初认为先发制人是阴谋逆德,此后越王兵败被俘,隐忍度日(无为),而吴王夫差骄横,越王多次等待时机(阴谋有为),范蠡都直言"未可",直至吴国忠臣伍子胥被杀,而吴王北会诸侯,国中尽是老弱。这番描述貌似如武王伐纣一般,多次等待,最终才瞄准时机,一击即中。虽然史迁此处没有明言,但岂不正是阴谋修德?然而,越王"号称霸王"(《史记·越王句践世家》),终究与周武王有王霸之辨,所以史迁不书写为"阴谋修德",也才会有范蠡因"狡兔死,走狗烹"的判断而毅然决然离开政治场域——战国时期,秦有商鞅成就霸业而最终车裂,魏有吴起变法强军而最终被杀(《史记·范雎蔡泽列传》)。既然"帝"与"王"的历史已经终结,而进入"霸"的时代,①王朝更迭和立朝前的准备都与夏、商、周三代之际有了很大不同,《史记》从此以降便再未出现"阴谋修德"的字眼。"史家之尚论史事,贵能据德以衡史,决不可循史以迁德。"②

"阴谋修德"虽然不再出现,在位者如何确立国朝德性,从而形塑国朝道路,避免僵化老路和易帜之危,关系国祚,实乃要命之事,不可不察。"国君强大有德者昌,弱小饰诈者亡"(《史记·天官书》)。

---

① 帝、王、霸、亡之辨如下:"帝者与师处,王者与友处,霸者与臣处,亡国与役处"(《战国策·燕昭王收破燕后即位》)。帝者的特质在于与教师相处(与历史同在),显然是知晓"古之王者,建国君民,教学为先"(《礼记·学记》),"三人行必有我师焉,择其善者而从之,其不善者而改之"(《论语·述而》);王者则能做到与友朋相处,"王者之民,皞皞如也"(《孟子·尽心上》),"君子以文会友,以友辅仁"(《论语·颜渊》);霸者又下降一等,只能与臣下相处,"霸者之民,欢虞如也"(《孟子·尽心上》);对于亡国之君而言,没有教师、朋友和臣下,只有仆役,"以君之一身一姓起见,君有无形无声之嗜欲,吾从而视之听之,此宦官宫妾之心也"(《明夷待访录·原臣》)。"同气者帝,同义者王,同力者霸,无一焉者亡"(《淮南子·泰族训》)。"王者爱及四夷,霸者爱及诸侯,安者爱及封内,危者爱及旁侧,亡者爱及独身。独身者,虽立天子诸侯之位,一夫之人耳,无臣民之用矣。如此者,莫之亡而自亡也"(《春秋繁露·仁义法》)。桓谭则提供了皇、帝、王、霸之辨:"三皇以道治,而五帝用德化;三王由仁义,五霸用权智"(《新论·王霸》)。

② 饶宗颐,《中国史学上之正统论》,中华书局,2015年,第83页。

第五章 文景之治:无为而有为

至秦有天下,悉内六国礼仪,采择其善,虽不合圣制,其尊君抑臣,朝廷济济,依古以来。至于高祖,光有四海,叔孙通颇有所增益减损,大抵皆袭秦故。自天子称号下至佐僚及宫室官名,少所变改。孝文即位,有司议欲定仪礼,孝文好道家之学,以为繁礼饰貌,无益于治,躬化谓何耳,故罢去之。(《史记·孝文本纪》)

一、汉家重定

自从汉高祖确立汉承秦制的汉朝祖制,汉惠帝和吕后便以黄老之名无违祖制。吕后所考虑的不过是开朝君主去世后如何巩固政权,从而巩固自己的统治,眼光仍然局限在权力政争一隅,还没有动过导民以德的立教念头。汉惠帝发丧的时候,吕后哭而不哀("太后哭,泣不下"),不过是因为畏惧当时的立朝权臣,害怕自己无法应对这些跟汉高祖一起打天下的功臣武将。至于陆贾,虽然为新朝写作《新语》,终究没能推动汉朝的立教事业。史迁记录他的行迹,有招安南越赵佗一事,仍然是立朝的余韵——完善国朝统治的空间秩序,却在立教改制的方面徒劳无功。汉高祖排定朝臣功次,萧何第一,是"功人",其他众将只是"功狗",然而在史迁看来"功"只不过是人臣之中的第三等,他认为古代的人臣可以分为五种层级,"用力曰功",在此之上,"以德立宗庙定社稷曰勋","以言曰劳"(《史记·高祖功臣侯者年表》),显然是说在"立功"之上是"立德"和"立言"(《左传·襄公二十四年》)。

汉文帝即位(前180—前157在位),因为废诸吕而诱发改制的动议,"有司议欲定仪礼";然而史迁所记,"孝文好道家之学,以为繁礼饰貌,无益于治"。这岂不矛盾?不能由此真的以为汉文帝沿袭汉惠帝和吕后的喜好,用黄老无为之术而无违祖制。汉文帝位居人君,却行事简朴,要做天下人的表率,"以示敦朴,为天下先",但老子的教导不是说"不敢为天下先"吗?史迁在评点汉文帝之前首先征引了孔子:"必世然后仁。善人之治国百年,亦可以胜残去杀。"一世即三十年,"如有受命王者,必三十年仁政乃成"(孔安国语)。史迁深情款款,记述汉朝到汉文帝时期已经立朝四十余年了("汉兴,至孝文四十有余载"),"德至盛也"(《史记·孝文本纪》),"孝文施大德,天下怀安"(《史记·孝景本纪》),似乎对汉文帝颇有期许。如果汉文帝只是"无益于治"的君主,为何史迁要如此铺陈?要理解这一点,就要先理解他笔下汉文帝的整体思考究竟如何。

吕后专权,临朝称制,把持朝政,她去世后汉家朝臣面临如何安排接班人的历史—政制问题。诸位大臣暗自商量("阴谋"),首先排除了所谓的汉惠帝之子,以为他们只不过是吕后随意找来的他人之子,都不是汉惠帝真正的儿子。这样一来,要确定接班人,就要重新回到第一代君主,依照与汉高祖的血缘来定。当时有资格继承大统的主要有三个人:因为吕后残暴,汉高祖刘邦的儿子只剩下淮南王刘长(前198—前174)与代王刘恒二人,另外一个有资格角逐君位的则是刘邦的长孙齐王刘襄(?—前179)。

然而,刚刚除掉吕氏的权臣们担心外戚干政之事再起,"以子则顺,以善人则大臣安"(《史记·齐悼惠王世家》),外戚干政,连汉高祖的儿子们都被杀的差不多了,这些开朝功臣岂会有好下场?重臣们商量,认为刘襄母家"恶人",因此虽然他在诛吕一事上有功,却很快被排除在接班人选之外。接着,刘长也因为同样的理由被排除。担心外戚干政固然成立,强君在上,恐怕亦非重臣所乐见——强君如何容得下重臣?

与此相反,代王刘恒的势单力薄反倒成了他最大的优势(《史记·吕太后本纪》)。重臣们经过商讨,决定拥立刘恒进京称帝("上从代来");此次突召进京即位,大任加身,恐怕完全出乎刘恒的预想。作为新君主,刘恒入主中央,一方面要与历史做切割,以确立他的统治新秩序,从而告别汉高祖—吕后的立朝传统——《史记·孝文本纪》也是将"大臣共诛之(按:即吕氏宗亲)"和"谋召立代王"一起讲。另一方面,汉朝既然承周之弊,单纯依靠"政不出房户",只能收束周秦之际兴起的法术之势,不能张扬缺失的文教,挽救周朝末年以来的世道衰微。刘恒的韬略恰恰就是他的柔软。接下来的一系列行为足见其并非以黄老无为而无违祖制,而是施行"阴谋修德"以倾祖制的法术,无为而无不为。

刘恒即位后,很快就有几件大事。即位三个月之后,因为"继嗣不明"(《史记·太史公自序》),相关部门的技术官员提议汉文帝早点确立太子,这显然是基于历史经验教训的考虑,不至于让后世君主再像汉文帝即位一般惊心动魄,否则,稍不留神就会破坏国朝安定。所谓"继嗣不明"就是指定接班人的政治原则尚未敲定,立储君不只是确立下一任君主是谁,还意味着确定国朝政治秩序中接班人的继承原则。汉惠帝继承汉高祖帝位,即位原则是父死子继,而表面上看,汉文帝即位却是兄终弟及,立朝三代,两次君位传递就出现了两种继承原则,那么汉家后世君主的继承到底怎么办,是依照父死子继还是兄终弟及?

于是,大臣两次向汉文帝提议立太子,汉文帝却两次谦让不允,直到大臣第三次提议才终于允许立太子。其中婉曲,需要细细品咂,汉文帝绝不仅仅是故作谦让姿态,更是在施展以两次谦让悄然**否定两种接班人原则**的韬略。

技术官员第一次提议立太子,汉文帝的答复是,应当"博求天下贤圣有德之人而*禅天下*",自承他本人即位就已经是无德而有位的僭越之举了,如果再预先指定接班人,那就更是无德了,如何面对天下人?——所以干脆用禅让制吧,选贤与能。这一谦让表面上是推出禅让的继承原则,实际是等待技术官员*探明君心*,出面加以否定。

技术官员显然心知其意,于是第二次提议立太子时率先直言早立太子就是"不忘天下",轻松抛弃禅让制。技术官员所说只此一句,太过简短,而汉文帝却回答很多,颇为反常,好似急不可耐:

> 楚王,季父也,春秋高,阅天下之义理多矣,明于国家之大体。吴王于朕,兄也,惠仁以好德。淮南王,弟也,秉德以陪朕。岂为不豫哉!诸侯王宗室昆弟有功臣,多贤及有德义者,若举有德以陪朕之不能终,是社稷之灵,天下之福也。今不选举焉,而曰必子,人其以朕为忘贤有德者而专于子,非所以忧天下也。朕甚不取也。(《史记·孝文本纪》)

汉文帝列举了楚王(叔父)、吴王(兄长)、淮南王(弟弟)这三个诸侯王,特意申说他们就是下一任君主的候选人啊!

何况还有更多同族血亲,应当从这些人中筛选,然后推举,不必非得是自己的儿子。这个回答颇显奇怪,因为答非所问。官员所谏不过是早立太子,却未指明应该基于何种继承原则立太子,然而汉文帝却在推辞第一次提议时否定了禅让原则,又在推辞第二次提议时否定了父子相传以外的其他血缘继承原则(传于叔父、传于兄、传于弟、传于族人)。这则黄老韬略的故事在北魏重现,《资治通鉴·宋明帝泰始七年》和王夫之(1619—1692)《读通鉴论·宋明帝》就指出,北魏献文帝拓跋弘(454—476)"好黄老浮屠之学",其子年幼,因此想要让自己的叔父继承君位,群臣与宗室都不应允,方才被迫立子为帝,自立为太上皇,趁势请众臣辅佐幼帝。此一韬略,恰恰可以视作汉文帝之举的后世注脚。① 汉文帝谦让时特意申说不必非得立子,反倒恰恰只留给技术官员一种选择:必须立子的父子相继原则。

有了这一逆笔的明示,技术官员与汉文帝的第三次对话,就彻底逆转了第二次对话时的结构——这一次提议立太子时,技术官员所说甚多,是要把汉文帝留给他们的这个重大课题作一番论证:

> 立嗣必子,所从来远矣。(自殷、周以来的历史传统

---

① 毛泽东读至此处,颇有慨叹,参见陈晋主编,《毛泽东读书笔记精讲》(第四卷),广西人民出版社,2017 年,第 137—140 页。

都是父死子继。技术官员的历史性论证颇有问题,诉诸并仰仗历史,便一定会面临依据哪一段历史的问题,因为历史并非一以贯之。下文也将涉及,汉文帝对于历史性的论证颇有怀疑,然而接纳某一论证,未必全然取决于它的理论自洽,还在于它的现实功能。)

> 子孙继嗣,世世弗绝,天下之大义也,故高帝设之以抚海内。今释宜建而更选于诸侯及宗室,非高帝之志也。(不仅远古以来的历史传统如此,汉高祖所确立的汉家传统也是如此。现在采用父子相继之外的其他血缘继承原则,是违背了汉高祖所确立的汉家祖制。)

技术官员所述甚多,而史迁竟只字未提文帝的答复。答案很简单,"上乃许之",技术官员已经深明君心,夫复何言?汉文帝与技术官员你来我往,这番讨论的关键是汉文帝一举两得:一方面,确立太子的接班人继承原则,反过来又在为汉文帝以藩王之身突然入主朝廷正名——汉文帝即位表面上依据的是兄终弟及的继承原则,但其实不然。因为汉惠帝一支绝嗣,需要重新从上一代君主那里按照父子相继的原则确立新君主。史迁目光如炬,下笔波澜不惊,内里暗流涌动,可见一斑。

与此同时,这番往来讨论还一并确定了汉家继承原则和后世君主的谱系。但当下的君臣关系也使其颇受掣肘。朝中重臣都是跟开朝君主一起打天下的大将,资历老、辈分高,汉文帝以诸侯王身份入京,为朝臣拥立,反过来讲,也一定受其牵绊;若想施展抱负,一定要先摆脱朝中重臣。即位之初,皇权未稳,应当平定局势才可能有所作为。汉文帝要摆脱朝堂上的重臣,便开始启用两种人,一种是从代国带来的旧部,"施德惠天下,填抚诸侯四夷皆洽欢,乃循从代来功臣"(《史记·孝文本纪》);另一种则是仍然默默无名、不受重视的年轻人,而他们很可能会带来某种政制创新。

汉文帝在即位当年就起用贾谊(前200—前168)为博士。贾谊当时最年少,一年之中便升至太中大夫,率先提出为汉改德,其实是新兴儒生提议展开德性标准问题的讨论,重写秦、汉之际的历史,从而重新为汉朝确定德性。贾谊看到,汉朝建立到文帝时期已经二十余年了,"天下和洽而固",国朝基本稳定,"当改正朔,易服色,法制度,定官名,兴礼乐",于是"悉草具其事仪法,色尚黄,数用五,为官名,悉更秦之法",认为汉文帝一朝改正朔可谓是正当其时,进而要全盘推翻沿袭秦制的汉朝祖制(《史记·屈原贾生列传》)。这样看来,文帝朝的贾谊与高祖朝的陆贾一致,所以《文心雕龙·诠赋》就讲:"秦世不文,颇有杂赋,汉初词人,顺流而作,陆贾扣其端,贾谊振其绪。"

这实际揭示出汉初所谓黄老无为的政治前提,即逆来顺受于汉高祖的开朝正统,正如汉高祖逆来顺受于秦朝传统一样;先有汉承秦制之事,后有采纳黄老之说——绝非所谓上位者喜欢黄老清净无为,所以无所作为、与民休息。儒生贾谊以为立朝二十余年，业已完成立朝后的初步转型，天下承平，人心思定，需要立教，如此方为真正的"时间开始了"。所以说，"高祖集团是*材质上的开国*，而贾生则是*精神或理想上的开国*"。① 其中所谓两种开国正是立朝与立教二事。然而，如史迁所记，"孝文帝初即位，*谦让未遑*"，实际历史惯性在此，已成为立朝资源，如何变更是难题。

汉文帝意欲有所作为，有意让贾谊承担更高责任，"议以为贾生任公卿之位"，从而主持立教之事，却遭到*周勃*、②灌婴等人的反对(《史记·屈原贾谊列传》)。"自汉兴至孝文二十余年，会天下初定，将相公卿皆军吏"(《史记·张丞相列传》)。史迁反复申张"自汉兴至孝文二十余年"，*心有戚戚焉*。重臣以黄老而反儒术只是结果，原因正是以儒立教必定会重定立朝后业已确立的权力结构，作为结构中上位者的重臣岂会坐视不管？虽然"会天下初定"，正当立教之时，但"将相公卿皆军吏"意味着当朝重臣都是跟高祖爷一起打过仗的武人，岂不会错过这个绝佳的时刻？既然此事发生在汉文帝即位初年，周勃、灌婴等诸将仍然在世，受权臣掣肘之势可以想见。

汉文帝无奈，贬谪贾谊为异姓王长沙王的太傅，贾谊连

---

① 牟宗三，《历史哲学》，吉林出版集团有限责任公司，2016年，第231页。

② 1973年，伟大导师曾建议*许世友*(1905—1985)阅读《周勃传》。参见朱永嘉，《刘邦与项羽》，中国长安出版社，2013年，第123页。

带着汉文帝的立教抱负一同中断。张释之也非常关心秦汉之际的兴衰之理,他曾阻止文帝提拔一位颇善言辞的啬夫,认为"以啬夫口辩而超迁之",则"恐天下随风靡靡,争为口辩而无其实"(《史记·张释之冯唐列传》)。文采若贾谊,所受的指责恐怕只会更多吧。

汉文帝即位时对待周勃十分有礼,退朝后时常亲自送他出去("常自送之");袁盎(前200—前150)曾向汉文帝表露,周勃功高自傲,是帮助汉高祖立朝又拥立汉文帝的"功臣",却并非能够辅佐新君主的"社稷臣"(《史记·袁盎晁错列传》)。司马迁下笔有神,没有记录汉文帝的答复,或许这正是汉文帝的韬光养晦之术。然而,他不久就解除了周勃的丞相职务——有人告诉周勃,认为他"威震天下",可以拥立新君,自然也可能废掉新君,所以不久就会有难了。于是周勃主动告辞,史迁再次不记载汉文帝的答复,只记下来冷漠的三个字,"上许之"(《史记·绛侯周勃世家》),看来今上确实早有此意。不久,陈平去世,汉文帝重新启用周勃,但恐非真心,因为数月之后,又以率先执行"列侯之国"为名(诸侯前往封国就任),解除了周勃的相位。

虽然汉文帝逐渐剪除了重臣的势力,但立教的事业也因此搁浅,毕竟封建制的问题逐渐暴露,立朝事业还未真正完结——接下来还要削藩:既然要汉承秦制,汉高祖也是不得已而分封诸王,汉文帝时期,仍有诸王叛乱,还有挑战政权的内战。

其中一个藩王就是淮南王刘长,他是汉文帝的同父异母弟——既然汉文帝以汉高祖之子的身份继承大统,那么,同样身为高祖之子的刘长当然也是潜在的候选人。汉文帝在位第六年,刘长就被抓起来,最后死掉了。

> [引者注:汉文帝即位]六年,有司言淮南王长废先帝法,不听天子诏,居处无度,出入拟于天子,擅为法令,与棘蒲侯太子奇谋反,遣人使闽越及匈奴,发其兵,欲以危宗庙社稷。(《史记·孝文本纪》)

此处所言,字字杀机。专门负责监察的技术官员率先揭发淮南王,其罪有三:

(1)"废先帝法",不合祖制;

(2)"不听天子诏","出入拟于天子",破坏君臣关系,有僭越之举;

(3)谋反,不仅破坏祖制、扰乱朝纲,还意欲纠结外敌颠覆国朝。

犯下如此滔天大罪,群臣一致认为应当街头处死("当弃市")。

汉文帝有亲亲之恩,"不忍致法于王,赦其罪,废勿王"。史迁这里所记颇显奇怪,淮南王犯下如此重罪,汉文帝竟然只是免去其王位了事,无疑是欲抑先扬。果不其然,群臣提议将刘长发配至蜀地,汉文帝立刻"许之"(又是毫无回答,冷漠"许之"),想必提议赦免刘长之时已有腹案(前文述及技术官员建言立太子,文帝推辞实际是等待深明君心的技术官员将腹案抛出,此刻岂非如法炮制?)。刘长在路中去世(对照《史记·袁盎晁错列传》、《史记·淮南衡山列传》),"上怜之"。此番叙事倒也在情理之中,然而紧随其后,史迁落笔:"后十六年,追尊淮南王长谥为厉王,立其子三人为淮南王、衡山王、庐江王。"

刘长在汉文帝六年去世,却在十年后才被追尊谥号。**惠然肯顾,何姗姗来迟**?何况所尊谥号为"厉王"——谥号就是历史评价,"厉王"显然是贬抑,何谈"追尊"?此前历史上最出名的"厉王"就是周厉王;周厉王好利,大夫**芮良夫**曾经谏言,"匹夫专利,犹谓之盗,王而行之,其归鲜矣"(《史记·周本纪》)。可见刘长去世十年,此事必在朝廷诸侯之间广泛流传,并有不利于汉文帝的言论,才迫使汉文帝追授其谥号,封他三个儿子以诸侯王,显示自己并不是要侵夺其封地。"闻其谥而知其行"(《史记·乐书》),此番"追尊",倒更像是对历史问题做一政治决断的禁声之举。史迁聊加数语,亲亲服于尊尊的原则便呼之欲出了。

《史记》紧随其后的叙事便是汉文帝十三年,不知是此间七年无事可记,还是史迁刻意想将十三年时汉文帝的一番话与之紧贴,有意让后人对比而观:

[引者注:文帝]上曰:"盖闻天道祸自怨起而福繇

德兴。**百官之非,宜由朕躬**。今祕祝之官移过于下,以彰吾之不德,朕甚不取。其除之。"

既然百官犯了错,问题都出在君主身上,那么,刘长谋反之事又该怎么论定呢?

不过,汉文帝之所以重要还在于,他也对立教事业颇有自觉,是周朝末年以来第一位重视文教的君主,有德于此,所以获得"文帝"的谥号,又为立教事业奠定了基业,对汉朝祖宗家法有功,史迁寄予厚望。汉文帝时期,已建汉四十年有余,于立朝一事所作甚多,有封禅之德,却不行封禅之事,不是不仁,反而真的是有大德啊!

孔子言"必世然后仁。善人之治国百年,亦可以胜残去杀。"诚哉是言!汉兴,至孝文四十有余载,德至盛也。廪廪乡改正服封禅矣,谦让未成于今。呜呼,岂不仁哉!(《史记·孝文本纪》)

二、改德变法

汉文帝希望开拓立教事业,虽然启用贾谊,终究未成,但在改德变法方面却并非一无所为。针对秦律一人有罪并坐家室的规定,汉文帝上任当年的思考既是**德法之辨**(德性标准问题的讨论),也是秦、汉之际历史问题的政治决断。他认为"法者,治之正","禁暴而率善人也","法"的意义是用来引导德性(面向未来),而绝不只是制止罪恶(斩截历史)。相关部门负责人却从实际工作的角度提出专业意见,"民不能自治,故为法以禁之",既然普通黎民缺乏自治的德性,便只能依靠法律禁止,"相坐坐收,所以累其心,使重犯法"。这样一种做法"所从来远矣"——原来是一种历史流传下来的办法,"如故便"(即自古以来如此),一从历史就是便宜之举(convenience)。专业官僚的技术考虑不能满足汉文帝的政治眼光。史迁记下文帝所思:

> 朕闻法正则民悫,罪当则民从。且夫牧民而导之善者,吏也。其既不能导,又以不正之法罪之,是反害于民为暴者也。何以禁之?朕未见其便,其孰计之。(《史记·孝文本纪》)

"便宜"或曰"方便"是一种技术标准,用这种技术标准去引导德性,可能非但不会解决问题,还会制造问题。汉文帝关于法与罪的"正""当"之说,意在告诫官吏应当引导人民向善,法若"不正",反倒会将黎民引向反面,因此汉文帝要**正法**(可勘黄宗羲"无法之法"与"非法之法"的辨析)。如果没有"正""当",也就不可能有真正的"方便"。此番"**法议**",汉文帝彰显了"德甚盛"的气象,连坐家室的秦律至此方才废除。

汉文帝十三年(前167),齐国的淳于意有罪当刑,他的女儿上书,"死者不可复生,刑者不可复属",想要改过自新,却无路可寻,严刑峻法只能惩罚犯罪者,却无法给出一条新生之路。汉文帝"怜悲其意",恐怕更多的是由这一案件推而广之,考虑如何导民以德,给平民开出一条新路,国朝也可以长治久安。针对淳于意,汉文帝将其释放,并多加追问有关医术源流的故事,或有其关于如何长寿的个人所思(《史记·孝文本纪》,《史记·扁鹊仓公列传》)。然而这件案情所反映的平民出路问题更为重要,汉文帝下诏曰:听闻舜的时代,只需要在衣冠、服饰上做一些标记,以显示罪民与常人不同,民众就不会再犯错了,因为那是"至治"的时代啊!

> 今法有肉刑三,而奸不止,其咎安在? 非乃朕德薄而教不明与? 吾甚自愧。故夫驯道不纯而愚民自陷也。诗曰:"恺悌君子,民之父母。"今人有过,教未施而刑加焉,或欲改行为善而道毋由也。(《史记·孝文本纪》)

汉文帝愧疚的是什么? 没能导民以德。"恺悌君子"就是前文所说的品德优良、平易近人之君。如果不立教却立刑,那么,无法给民众以出路。因此,汉文帝明确天下治理应该由"法"转向"教",同年,免除农田租税,汉文帝想要有所作为,变更汉承秦制的汉家祖制,不仅在于废除肉刑,更在于为汉改德。

汉高祖时期,张苍一度负责历法事宜,他曾参与改历,但没有改正朔,因此也不改汉家德性。汉文帝四年(前176),周勃、灌婴相继去世后,汉文帝以曾任代国丞相的张苍出任丞相,长达十五年之久。张苍既是汉朝的立朝功侯,又是他在代国时的旧部,统治集团中的两方力量皆可协调。

汉文帝十四年(前166),鲁人公孙臣上书,"始秦得水德,今汉受之,推终始传,则汉当土德"(《史记·封禅书》),认为汉朝的德性应当是土德,这当然意味着汉朝是迥异于秦制的另一种新制。"汉得土德,宜更元"(《史记·历书》),"改正朔,易服色,色上黄",从而断定黄龙将要显现人间,那正是改德的机宜之迹("土德之应黄龙见")。汉文帝命张苍议处,而公孙臣的土德之论与张苍的历史观和德性论相悖,所以被弃而不用。不过,"黄龙见成纪",黄龙果然显现,张苍无言以对,"文帝召公孙臣以为博士,草土德之历制度,更元年"(《史记·张丞相列传》)。张苍也"由此自绌",史迁再次不记汉文帝的应答——史迁记录汉文帝的笔法是,他的许多不回答本身就是一种应答。汉文帝若果真是黄老无为之君,必定无违祖制,何必想着要为汉朝改立土德?

史迁评点张苍"绌贾生、公孙臣等言正朔服色事而不遵","明用秦之颛顼历,何哉?"(《史记·张丞相列传》)他问而不答,或许因为答案显而易见:张苍沿用秦制而不愿重定正朔——改历就是立法,沿用秦制就要沿用秦德,那么代秦而起的汉朝之德在哪里?在贾谊和公孙臣等汉儒看来,张苍认定汉朝延续秦朝的水德,恰恰无视汉朝是取代秦朝的新朝,而只将其视作秦朝德性状态的接续。儒生以笔为剑,倏忽之间,张苍岂不成了扬秦贬汉的逆贼? 此言一出,当然意味着批判立朝以来历代沿袭秦制的德性认定。政争的言辞背后是立朝前后有关秦、汉两德认定的若干历史问题的争论。立朝前后的历史要重新书写,这不仅是一个历史叙事的转换,还关系到当今汉朝向何处去的追问。

汉儒认为,汉朝不应当作为秦朝的延续,新朝应当有"新语"和"新书"(陆贾、贾谊身后,后世又有刘向著《新序》、桓谭著《新论》,亦作如是观)。人分君野,有君子之德(风),有小人之德(草),"上之化下,犹风之靡草"(《新语·无为》);立教就是立德,从而确立本朝的风尚民俗。政争与立教交织,若能立教,则可以重定秩序。然而,汉文帝之时,三种力量主张改制——儒者则贾谊,阴阳则公孙臣,方士则新垣平(? —前163),[①]终究未能成行。

汉文帝因为新垣平的狡诈而不再改德(《史记·封禅书》,《史记·历书》)。吕后废除三族罪,而汉文帝却因为新垣平谋反一事重新施行三族罪。[②] 汉文帝"本好刑名之言",由此可见一斑(《史记·儒林列传》)。赵人新垣平造假事

---

① 牟宗三,《历史哲学》,吉林出版集团有限责任公司,2016年,第262页。
② 瞿同祖,《汉代社会结构》,邱立波译,上海人民出版社,2007年,第256—257页。

发,文帝便不再过问改历,否则新历法及其对应的新德性都将奠基于可证伪之事(是否伪作并不重要,可否证伪更重要),非但无法夯实国基,反倒构成伤害。新垣平造假一事搁置改历,似为偶然;但其中诈伪之事岂是孤例? 新垣平一案所示历法、立教与术士之间纠缠不清,到汉武帝时期亦不能改观。

汉文帝去世后,政归窦太后。"窦太后好黄帝、老子言,帝及太子诸窦不得不读《黄帝》、《老子》,尊其术"(《史记·外戚世家》)。窦太后行黄老之术,固然有其深居宫中因内敛而免遭吕后毒手的个人经验,更因吕后干政提供了一个聪明的政治先例——吕后凭借汉高祖之魂干政,怎么会违背汉高祖确立的祖制? 窦太后借助汉文帝之魂干政,又怎会走一条汉文帝都没走过的政治道路? 恰如汉惠帝无为而无违,汉景帝在窦太后干政之下,虽然怀有施展之志,终究无所作为。立教改德兹事体大,无法着手。窦太后掌权,而群臣深恐吕后再现人间,略有牵制;汉景帝所能做的也只在君臣关系一节,即削藩之事,实际上仍然是立朝大业的余韵。

贾谊改德之论虽然不能见用于世,又上书《治安策》(又名《陈政事疏》,前173),主要内容是两条,即立教与削藩,"道之以德教,或驱之以法令。道之以德教者,德教洽而民气乐;驱之以法令者,法令极而民风哀。哀乐之感,祸福之应也";又提议"众建诸侯而少其力"。顾名思义,"治安"与"戡乱"相对,就是要在国朝确立后考虑如何长治久安。

毛泽东1958年4月写给秘书田家英的信中说道:"《治安策》一文是西汉一代最好的政论,贾谊于南放归来著此,除论太子一节近于迂腐之外,全文切中当时事理,有一种颇好的气氛,值得一看。"① 论太子一节是文人之见,深宫之中的太子怎可以安顿天下? 毛泽东虽然认定《治安策》是好的政论文,却认为贾谊在人世问题上终究所见不深,曾作诗:"贾生才调世无伦,哭泣情怀吊屈文。梁王坠马寻常事,何用哀伤付一生。"想必亦是司马迁心声,若史迁慷慨赴死,虽逞一时之快,又怎会有《太史公书》传世?

考虑到立朝老臣仍在,宗室力量不减,汉文帝颇受掣肘。至汉景帝三年(前154),晁错(前200—前154)上书《削藩策》,明言"削诸侯",汉景帝深以为然却力有不逮,最终遭遇吴楚七国之乱。贾谊、晁错皆不得善终,固然有其个人性格左右,终归也在于时势使然。

汉景帝在位时间虽然颇长(前156—前141),但仍然是延续汉文帝的旧制,改动不大,可谓"无为而治"名义下受制于祖制的最后一阶。因为白马之盟(非功不侯,非侯不相),立朝以来的历代丞相全部都出自汉初的军功集团,"功臣侯者百有余人"(《史记·汉兴以来诸侯王年表》),确实不少。不过随着时间的推演,汉初军功集团的第一代元勋多已去世,当权老臣在第四代君主汉景帝时期终于式微,可以作为

---

① 《毛泽东书信选集》,人民出版社,1983年,第539页。

佐证的一个例子便是,以车技起家的卫绾(?—前131)出任汉景帝朝最后一位宰相。①

三、德位之辩

文景时期,虽然仍旧以黄老之言无违汉初祖制,但已逐渐松动;更何况,汉文帝时期,改制虽然未能成行,却也已经揭开了盖子,呈现出汉朝道路另一种可能的趋向。所以,汉景帝当朝时就任用了儒生辕固生与董仲舒为博士。儒家与黄老的争论,在汉朝最著名的例子便是汉景帝时期辕固生与黄生的争辩,可以称之为弑君论(造反无理)与受命说(造反有理)之争。这不只是探讨一般意义上的立朝方式,更关乎汉朝的立朝之正。

但是在讨论这两种学说的争辩之前,要先清理禅让说。十二本纪的篇首是黄帝,立朝者;三十世家的篇首是吴太伯,他因为谦让,才使后来的周文王得以成为周文王,也才有了周朝的立朝;七十列传的篇首是伯夷、叔齐,他们也非常谦让,却遭遇了殷周之变,作为商朝的旧臣,面临如何对待新朝的问题,他们选择了饿死,以示不满周武王以暴易暴的国朝更迭方式。

---

① 李开元,《汉帝国的建立与刘邦集团——军功受益阶层研究》,生活·读书·新知三联书店,2000年,第203—209页。

论者一般认定三十世家和七十列传的篇首都表达了司马迁重视谦让,暗许禅让制;似乎不假,但若仔细推敲,又有问题。吴太伯的谦让成就了周朝,而伯夷、叔齐最后的选择是批判周朝,在处理周朝历史定位的问题上,二者显然不同;而吴太伯被放置在更重要的世家之位,伯夷、叔齐只放置在列传,恐怕说明建设比否定更重要。虽然司马迁也反对以暴易暴,但在家天下的新人世中,德性既然衰败,禅让还可能吗?三部分的篇首都涉及立朝的问题,要消解立朝的暴力,恐怕就要像黄帝之后所做的那样,立教。汉景帝时期,仍未着手立教,而汉朝以造反—革命立朝,所以**禅让说**不在儒家与黄老的争辩之列。

黄生首先发难,直言"汤武非受命",他们实际上都是弑君者。此言一出,辕固生立刻驳斥,"桀纣虐乱,天下之心皆归汤武",民心所向,"汤武不得已而立",不是求来的,也不是打来的,不是受命于天,又是什么?辕固生无疑是接续孟子的思路,"闻诛一夫纣,未闻弑**君**"(《孟子·梁惠王下》),这种论说可以被视作正德之说:"有德则易以**王**,无德则易以亡"(《史记·刘敬叔孙通列传》),位置不重要,重要的是德性,只要有德就可以成为王,反之,只要无德就会亡国。关节点已经点出,于是黄生将话题引向正位。帽子与鞋子不可以互换,因为头和脚不能倒置(upside down),桀、纣虽然暴虐,仍旧是君上,汤、武虽然圣贤,终究不过是臣下,不可以错乱其位。言下之意,位置比德性更重要,德性的好坏不足以变

更君臣之位。无独有偶,黄生的正位之说也出现在韩非子的叙述中(关于费仲与周文王一节,与《史记·周本纪》颇有出入):

> 费仲说纣曰:"西伯昌贤,百姓悦之,诸侯附焉,不可不诛,不诛必为殷患。"纣曰:"子言,义主,何可诛?"费仲曰:"冠虽穿弊,必戴于头;履虽五采,必践之于地。今西伯昌,人臣也,修义而人向之,卒为天下患,其必昌乎!人人不以其贤为其主,非可不诛也。且主而诛臣,焉有过?"纣曰:"夫仁义者,上所以劝下也。今昌好仁义,诛之不可。"三说不用,故亡。(《韩非子·外储说左下》)

原来在韩非子的叙述中,商纣明白仁义之人必定是众望所归,有德者必能有位,而费仲则认为可以以位压德。因为商纣王固执地认为不能以强力压制有德者,所以没有杀死姬昌,从而埋下了被推翻的隐患。韩非子此论与《史记》有出入,因为它要表达相反的政治诉求,其间差异权且不论。

历史的讨论往往带有现实的思虑,黄生的担忧在秦末就有体现,陈胜高呼"王侯将相宁有种乎",这样"第一滴血"一旦流下,便注定了"田野村夫皆有南面称孤之心"(陈亮语)。黄生此言迫使辕固生交待心中最关切的问题:如果君臣之位一旦确立就无法依据德性予以矫正,那么汉高祖代秦而起建立新朝岂不也是弑君? 黄生的说法更要命的地方在于,细究下来,他所代表的黄老学说会颠覆汉朝的统治正当性——既然应当"无为"—"无违",君臣职分不可变,何以会有秦汉之变? 那么,汉初所采用的"汉承秦制"(汉高祖)和"萧规曹随"(吕后)非但不能巩固汉朝政权,还可能颠覆它!

一旦涉足现实,尤其是汉朝开朝君主的德性认定和汉家一朝的正统定位,辕固生"与黄生争论景帝前",图穷匕见之际,景帝不可不言:"食肉不食马肝,不为不知味;言学者无言汤武受命,不为愚"(《史记·儒林列传》)。谈论文学却不提汤武革命,不会被人讥讽为愚人,就像吃肉不吃马肝,不会被人讥讽为不晓肉味。二者比附颇为牵强,汉景帝显然是以现实的政治决断终结了这场有关历史叙事的论辩,认定立朝时刻已经过去,今日不必再谈,但问当下立教时刻。

"受命"难免要跟"放杀"结合在一起,不讲汤武受命就意味着不讲开国立朝的历史时刻,那谈论文学的人应该讲些什么? 不讲立朝,就要讲立教;撇开正位与否,而今要正德才可能维系业已建立的国朝。此后,"学者莫敢明受命放杀者",一方面是因为已经有了官方说法,不容议论;另一方面在于,君上已明确指示,立朝时刻已经结束,既然国朝已立,诸位儒生又不是要颠覆政权,那就不必再讨论立朝时刻的历史问题(解释革命)了,应该将更多的心思用在立教导德的事业(告别革命)上。文、景二帝虽然没能实现立教之业,然而山雨欲来,不可不察也。

正德说与正位说之争,围绕商汤周武的历史评价展开;

夏、商、周三代经历两次转关，商汤和周武正是转关的代表。学者言及汤、武就是在谈国朝转关之事。周武王讨伐殷朝，最后"天下宗周"，而伯夷、叔齐却躲进山林，宁肯饿死，不肯居于周朝的天下，感慨周武王"以暴易暴兮，不知其非也"。表面上看，伯夷、叔齐的看法似乎与黄生的正位说接近，其实不然，伯夷、叔齐似乎没有否定德性腐败的可能和君位的转移，只是反对以武力的方式，而主张以文的方式。对尚未接受现代民主洗礼的二人而言，恐怕只会心仪辕固生和黄生没有讨论的禅让制。难怪孔子认为吴太伯和伯夷、叔齐是"古之仁圣贤人"（《史记·伯夷叔齐列传》），而司马迁心领神会，《吴太伯世家》居于三十世家之首，《伯夷叔齐列传》居于七十列传之首。

史迁有关商汤取代夏朝的记述很像是黄帝取代炎帝的故事，商汤张网而不尽取，留有余地，诸侯听说后，都感叹"汤至德矣"，连禽兽都能感受的到，这不正是"阴谋修德"吗？相反，夏桀"虐政淫荒"，"而诸侯昆吾氏为乱"，当时炎帝侵凌，蚩尤作乱不也是如此？商汤率领诸侯，兴师征伐昆吾，顺势讨伐夏桀——此举也很像黄帝。商汤对众人讲解了造反有理：

匪台小子敢行举乱，有夏多罪，予维闻女众言，夏氏有罪。予畏上帝，不敢不正……夏德若兹，今朕必往。（《史记·殷本纪》）

夏朝德性已经到了这般田地,便不能不正德,从而颠覆夏朝政权,这是正,并非反。商汤自知"甚武","号曰*武王*";作《汤诰》,贬斥夏朝的天命,却并不殃及夏禹,肯定了夏禹和后稷的*水土之功*;又言及蚩尤作乱百姓之事,岂不是自居黄帝再现人间?随后"改正朔,易服色",迎来商朝这一新朝。

既然夏朝的德性终究会腐败,商朝又怎会永葆初衷?商纣自己荒淫,重用阿谀之臣,西伯(即日后的周文王)"阴修德行善","诸侯多叛纣王而往归西伯","阴谋修德以倾商政"的做法很像黄帝和成汤(《史记·齐太公世家》)。商纣之臣*祖伊*谏言,"维王淫虐用自绝,故天弃我,不有安食,不虞知天性,不迪率典"。不料商纣王的回答竟是:"我生不有命在天乎?……是何能为?"(《史记·殷本纪》,《史记·周本纪》)看来,史迁记载的商纣王以为既然受命于天,则可以永享天泽、永居其位,却忽略了一点,既然有夏商之际的天命转关之事,何以不会有商周之际的革命继之再起?

殷有三仁,微子"数谏不听"便离去;比干以死谏言,却遭商纣剖心;箕子佯狂为奴,遭商纣囚禁。由此,武王率诸侯而战于牧野,践履天子之位后便说:"膺受大命,革殷,*受天明命*"(《史记·周本纪》)。商纣王以为受命是一劳永逸的,而周武王则完成了文王未完成的事业,取而代之,受命于天,还特意强调"明命",也就是正德,是*澄清天命*所在,使其不至于荒淫无当(对勘上文可知,关于商纣王持正德还是正位,《史记》与《韩非子》取法不同)。商汤是"务武",武王则"非务武也,劝恤民隐而除其害也"。所以,夏、商、周三代转关的两个节点,商汤与周武都是武王,核心议题也就是武力与立朝的问题。既然周武王要正德,就要贯通神农以降的帝系与王系传统(因此三十世家的第一部分就是分封周朝立朝功臣和先王的后嗣,参见本书三十世家篇章安排表)。

> 武王追思先圣王,乃褒封神农之后于焦,黄帝之后于祝,帝尧之后于蓟,帝舜之后于陈,大禹之后于杞。于是封功臣谋士,而师尚父为首封。封尚父于营丘,曰齐。封弟周公旦于曲阜,曰鲁。封召公奭于燕。封弟叔鲜于管,弟叔度于蔡。馀各以次受封。(《史记·周本纪》)

至此,黄生正位之说的荒谬也显而易见。不过黄生的担心也不是无中生有、杞人忧天。原来,史迁早已在辕固生与黄生论辩之前,在秦朝接班人问题的描述中就埋下了伏笔。秦始皇归天,赵高扣留了秦朝玉玺和留给长子扶苏的信,心知扶苏必定被钦点为接班人,于是劝说始皇次子胡亥:"臣人与见臣于人,制人与见制于人,岂可同日道哉!"(《史记·李斯列传》)统治别人和被人统治能一样吗? 史迁借胡亥之口回应:"废兄而立弟,是不义也;不奉父诏而畏死,是不孝也;

能薄而材谫,强因人之功,是不能也。"这三者都是"逆德"之举。果然,李斯与赵高拥立扶苏即位秦帝之后,指斥扶苏诽谤始皇求仙延寿之举,是为不孝;又斥蒙恬与扶苏共事而不能匡正,是为不忠。如此,不忠不孝的逆德之举反被用于扶苏和蒙恬之身,阴谋修德与指鹿为马的阴谋逆德竟遭如此混淆。

所以显然,赵高指鹿为马,曲解汤武受命的故事,用正德之事粉饰逆德之举。至于辕固生再提正德,难怪黄生心知万万不可为。须知,正德(解释历史)与正位(解释当下)又不能分开,二者缺一不可。在造反之际,需要正德说;而一旦造反完成,就不再鼓励造反,而是反对造反,从而强化正位说。但汉家兴业已经几十余年,仍有正德与正位之辨,足见国朝尚没有一套完整的官奉学说系统,解释历史(武力革命)与守成当下(和平守序)。既然汤武革命都是自比黄帝,在自己身上看到了历史,又让历史重现人间,那么在汉朝讨论桀、纣,未尝不也是在讨论秦朝:

> 夏桀、殷纣手搏豺狼,足追四马,勇非微也;百战克胜,诸侯慑服,权非轻也。秦二世宿军无用之地,连兵于边陲,力非弱也;结怨匈奴,絓祸于越,势非寡也。及其威尽势极,闾巷之人为敌国,咎生穷武之不知足,甘得之心不息也。(《史记·律书》)

以为拥有权、力、势、勇便可以高枕无忧、一劳永逸,这是夏桀、商纣和秦始皇共享的思维。因此,从正德说与正位说有关夏、商、周转关的争论中,我们便可以顺流直下,转入秦末的思考:

> 是以陈涉不用汤武之贤,不藉公侯之尊,奋臂于大泽而天下响应者,其民危也。故先王见始终之变,知存亡之机,是以牧民之道,务在安之而已。天下虽有逆行之臣,必无响应之助矣。故曰"安民可与行义,而危民易与为非",此之谓也。(《史记·秦始皇本纪》)

"汤武承弊易变,使民不倦,各兢兢所以为治,而稍陵迟衰微。"(《史记·平准书》)真是"时极而转","时哉,时哉"!纵然以汤、武这样的有德者创业垂统,商、周两朝终究都免不了面临德性腐败的局面,那后世的国朝岂不更甚?问题就是,正德受命者一旦德性衰败,是否要引入新一轮正德的历史进程?汤、武之事告诉我们,诉诸天命要依靠天命的显现,而天命难测,其显迹就在于德性(笔杆子)和武力(枪杆子)的所在。因此诉诸天命就落实为诉诸有德者的武力(造反一义理)。

汉文帝有立德之意,驾崩后,汉景帝便指出,"古者祖有功而宗有德,制礼乐各有由"(《史记·孝文本纪》)。"祖有功"便是汉高祖立朝,"宗有德"便是汉太宗立德(汉景帝为文帝立庙号太宗,如此一来文景二帝便是开创新统)。① 汉高祖时有*武德之舞*,而汉景帝为仙逝的汉文帝作*昭德之舞*(《史记·孝文本纪》,《汉书·礼乐志》。据《汉书·礼乐志》,汉景帝援用《武德》为汉文帝制作《昭德》,更凸显由武而文,由立朝至立教的国朝事业转关),汉高祖与汉太宗就确立了汉家祖宗之法,"观其舞而知其德,闻其谥而知其行。"(《史记·乐书》)

至于汉景帝,"不好辞赋"(《史记·司马相如列传》),史迁在评价他的时候,开口便讲汉文帝如何如何。自申屠嘉(? —前155)之后(汉景帝二年),史迁不再具体记述各位丞相的事迹了;而汉景帝、汉武帝时期的丞相,"皆以列侯继嗣,娖娖廉谨,为丞相备员而已,无所能发明功名有助于当世者"(《史记·张丞相列传》)。所谓"娖娖廉谨"正是"不违如愚",无违祖制、无背上意。但是,汉景帝通过平定吴楚之乱终于改变了汉朝政制:

> 高祖时诸侯皆赋,得自除内史以下,汉独为置丞相,黄金印。诸侯自除御史、廷尉正、博士,拟于天子。自吴

---

① 汉人政权的庙号,一般只有一个"祖"(高祖/太祖),标明创业垂统的不世之功,"太宗"次之。满人入关,国朝庙号中称"祖"的竟有三人之多:清太祖努尔哈赤(1559—1626)、清世祖福临(1638—1661)、清圣祖玄烨(1654—1722)。汉人政权唯一例外是明朝,庙号中有两人称"祖":明太祖朱元璋(1328—1398)和明成祖朱棣(1360—1424),意味着明朝在朱元璋开启新朝传统后,朱棣二次革命,另起新统。

楚反后,五宗王世,汉为置二千石,去"丞相"曰"相",银印。诸侯独得食租税,夺之权。其后诸侯贫者或乘牛车也。(《史记·五宗世家》)

文景之治的提法很可能出自唐朝人的历史意识,[①]后人更注重汉武帝的雄才大略。对于汉朝而言,太祖、太宗均已产生,祖宗之法已定,但立教事业还没有完成,恐怕要等待这位雄才大略的汉武帝了。

---

① 王子今,《唐人历史意识中的"文景之治"印象》,载氏著,《秦汉文化风景》,中国人民大学出版社,2012年,第227—230页。

第六章　武帝立教:"且战且学仙"

圣人之道,不能独以威势成政,必有教化。(《春秋繁露·为人者天》)

汉兴五世,隆在建元,外攘夷狄,内修法度,封禅,改正朔,易服色。(《史记·太史公自序》)

外攘夷狄,内兴功业。(《史记·平准书》)

一、文 学 风 教

周朝末年文教凋敝,秦朝火上浇油,汉高祖确立汉承秦制的祖制,到文景之时亦未能改观。史迁在讲汉文帝时,说到"自汉兴至孝文二十余年,会天下初定"(《史记·张丞相列传》),而到了汉武时期,史迁所记便更是感慨万千了:"汉兴已六十余岁矣,天下艾安,搢绅之属皆望天子封禅改正度也"(《史记·封禅书》),汉朝已经兴起六十余年了啊!孔子讲"必世然后仁",此时汉家立朝已历二世,史迁下笔至此,怎不废书而叹?管子曾经讲"仓廪实而知礼节,衣食足而知荣辱"(《史记·管晏列传》),就是说"货殖"之外另有立德之业,物质发展了,就要去抓精神建设,否则会出问题。正因如此,孔子虽然小看管仲,但还是充分肯定了管仲的文明意义,"微管仲,吾其被发左衽"(《论语·宪问》),没有精神建设,就谈不上真正的文明。

汉高祖时打压做生意的商贾,吕后之时要休养生息,恢复国家经济,才能保障基本生活,从而确保国朝秩序,所以又松弛了相关律法,商贾的作用逐渐提高。汉武帝即位时,休养生息的经济效果已经出现:

> 至今上即位数岁,汉兴七十余年之间,国家无事,非遇水旱之灾,民则人给家足,都鄙廪庾皆满,而府库余货财。京师之钱累巨万,贯朽而不可校;太仓之粟陈陈相因,充溢露积于外,至腐败不可食。(《史记·平准书》)

武帝立教,除了有经济铺垫,还有历代先帝的政治准备。汉高祖时陆贾质问:"乡使秦已并天下,行仁义,法先圣,陛下安得而有之?"(《史记·陆贾列传》)文帝时贾谊曾讲"仁义不施而攻守之势异也"(《过秦论》),这都是在说新朝要告别秦政,改弦更张。立朝两代,已有儒生开始追问立朝以来德性标准问题的讨论,关乎汉朝德性的定位(水德还是土德)以及历法的问题,实质是立朝之后的立教事业该如何推动。如果不立教,则很可能无法摆脱周秦之变后"文敝"的问题。

汉初因袭秦制,汉惠帝和吕后行黄老之术,沿袭汉高祖所确立的祖制,所谓休养生息实际是"质";文帝之文,是有改制之志,反之于"文",然而立朝仅二十余年,受各方面掣肘,终究不能成行。窦太后仰仗汉文帝的幽灵干政,复行黄老无为,实际是吕后无违祖制的隔代重现。立朝六十余年时,汉武帝登基,"汉兴至于五世之间"(《史记·儒林列传》),五年后窦太后去世,天时地利人和,立教改制的事业总算要展开了。

后人常论及窦太后喜好黄老,所以贬斥儒术,因此与汉武帝不合。然而,作为当涂之人,除非后世醉心玩物之君,岂会纯然以一人好恶而左右政权道路?因果倒置之论当拨乱反正。窦太后与汉武帝的矛盾,恰恰在于立朝与立教的认识不同,黄老与儒术之争只是表象,而非原因,国朝道路何去何从才是要害。①

汉文帝虽有"文"名,却没能成就立教之功,汉武帝接续其志,文武并用("用文武")。既然是"用",就要与先前的逆

---

① 基于这一逻辑,田余庆先生(1924—2014)判定汉武帝与卫太子之间存在道路之争,前者开拓,后者守文,用宽厚长者;所以最后废卫太子。参见田余庆,《论轮台诏》,载《历史研究》,1984年第2期,第3—20页。

来顺受不同,需要重修国朝叙事和德性定位,否则如何实现转向?改定官奉学说并移风易俗,没有经验可循,汉武帝是摸着石头过河的新君主。

"用文武"就意味着"远道德",汉初六十年,有文帝无武帝,正在于道德之学,休养生息,"天下艾安"(《史记·封禅书》)。汉朝立朝军功集团的大将们基本已经离世,只有窦太后及其党羽代表祖制存在。而今,汉武帝励精图治,有勇武之德,联合儒术方士,排斥老子道德之学。立朝六十余年之后的历史使命与武帝开启新时代的自我期许相遇,借助当世儒生的配合,初步奠定了立教的事业。

建元元年(前140)冬十月,汉武帝即位,旋即下诏征举贤良,又接受建议,以"乱国政"为由,罢黜"治申、商、韩非、苏秦、张仪之言"(《史记·儒林列传》)。法家提供了战国时诸侯的强国之术,怎么突然就成了乱国之言,上述法家之言何以乱国?因为他们所说的正是"国之利器","不可示人"。统治秘术(arcana imperii)收归官家,不可妄加评判。杀其言而继其术,岂非有立教之意?申、韩之人是何人?学本于黄老,由此可见汉武帝表面上罢黜申、韩等法家思想,而此番**批法评儒**之举,当然是"项庄舞剑"(形下之法家),"意在沛公"(形上之黄老及其所象征之汉朝祖制)。

登基当年,汉武帝便有立教的自觉意识。班固曾记载,在"乱国政,请皆罢"的提议几个月之后,武帝就下诏:

> 古之立教,乡里以齿,朝廷以爵,扶世导民,莫善于德。(《汉书·武帝纪》,此处系《史记》和《汉书》中唯一明确提出"立教"二字者,然而这不过是唯一使用了概念化的点明,并不意味着不使用这一概念就没有相关思考)

果不其然,汉武帝当年任命自己的舅舅田蚡(?—前131)为太尉(执掌军事),使之联合丞相窦婴(?—前131)、御史大夫赵绾(?—前139)发动尊儒,想要让窦太后真正退居二线,不必事事向其请示,与窦太后的政争呼之欲出。然而,窦太后借助汉文帝的幽灵干政,重拾吕后黄老之术的老路,"以为儒者文多质少",要求无违祖制(汉高祖和汉文帝的传统)。窦太后实力尚在,三公之中,窦婴、田蚡皆被罢免,执掌宫廷门户的郎中令王臧(?—前139)遂"以文学获罪"(《史记·万石张叔列传》),与御史大夫赵绾一同被处死。窦太后转而启用石奋(前220—前124)的长子石建和四子石庆(?—前103)。石奋就是一个"恭谨"无人能比的人,他的两个儿子遵从其教诲,也以"孝谨"闻名,而石建的"谨慎"甚至都超过了其父。石庆做齐国丞相的时候,"举齐国皆慕其家行,不言而齐国大治",并非"推贤进士"之人,原来跟吕后时期用曹参一样,还是无违祖制,无意创新。

汉武帝以立教迎来国朝新生的想法受挫,随后退而求其次,诏令各郡和诸侯封国每年向朝廷举荐"文学"和"贤良"各一名。建元年间,太史令一职得以恢复,由司马谈(前

165—前110)出任;可见司马谈、司马迁父子二人修史本身已经嵌入立教改制的大业之中。直至前135年(建元六年),窦太后去世,汉武帝起用田蚡为丞相,再次尊儒。"绌黄老、刑名百家之言","延文学儒者数百人"(《史记·儒林列传》)。可见,汉武帝所罢黜的并非先秦百家学说,其实只是黄老刑名之学。

汉武帝真正执掌朝政的第二年,即前134年(元光元年),董仲舒上书"天人三策",可以说是对汉武帝与田蚡所确定具体政策的系统阐发。① 他提供了一种人世论(古今之变)和天人关系(天人之际)的系统学说,以"改制论代替革命论"(蒙文通语),超越性地回答了辕固生与黄生有关革命问题的德位之辩,从而完成了立朝以来若干历史问题的官方定调和汉家国朝立教的重大工程,逐步确立了官学的地位。由黄老并称到儒术独尊,不仅是学术变迁,更是政权道路转移的折射。与之平行的一例政治事件是:汉高祖以来,乐府歌舞一仍其旧,只有到了汉武帝时期才有所创作("制为应天改之,乐为应人作之",参见《春秋繁露·楚庄王》),而只是精研一部经典的士子无法通晓其声,必须兼通儒家五经才行(《史记·乐书》)。

---

① 朱维铮,《儒术独尊的转折过程》,载氏著,《中国经学史十讲》,复旦大学出版社,2002年,第82页。政争与立教交织的案例,不仅见于窦太后与汉武帝之间。田蚡势力做大后,汉武帝就很不满,曾直言"君除吏已尽未?吾亦欲除吏"(《史记·魏其武安侯列传》)——你都把官员任命完了吗?我也想任命。

汉武帝征召贤良文学,辕固生与公孙弘同期获选。史迁特意申说,辕固生"已九十余矣",年龄很大了,然而在朝堂之上,"谀儒"大多诋毁辕固生,认为年纪这么大就应该罢归。公孙弘"侧目而视固",辕固生斥之:"公孙子,务正学以言,无曲学阿世!"(《史记·儒林列传》)不过,此番征召后,公孙弘受命出使匈奴,不合上意,罢归不用。元光年间,再次征召入仕。史迁详细记录了公孙弘写给武帝的奏请之文:

> 闻三代之道,乡里有教,夏曰校,殷曰序,周曰庠。其劝善也,显之朝廷;其惩恶也,加之刑罚。故教化之行也,建首善自京师始,由内及外。今陛下昭至德,开大明,配天地,本人伦,劝学修礼,崇化厉贤,以风四方,太平之原也。古者政教未洽,不备其礼,请因旧官而兴焉。为博士官置弟子五十人,复其身。太常择民年十八仪状端正者,补博士弟子……臣谨案诏书律令下者,明天人分际,通古今之义,文章尔雅,训辞深厚,恩施甚美。(《史记·儒林列传》)

看来公孙弘的长处不在于外事,而在于推行教化、和洽政教。汉武帝批准公孙弘所请,"自此以来,则公卿大夫士吏斌斌多文学之士矣"。

汉高祖立下白马之盟,非功不侯,非侯不相。公孙弘以白衣之身,凭借《春秋》解经位列三公,"封以平津侯","天下之学士靡然乡风矣"(《史记·儒林列传》)。① 社会风气的"风教"(《史记·五帝本纪》)十分重要,因为无论吏民,都会"从风而靡",就是跟风从众。儒生们目睹公孙弘以文学之身进阶,最终成为当朝高官,因此天下学子纷纷效仿。史迁鄙视公孙弘,却于《儒林列传》中反复提及,恰恰因为公孙弘所影响的何止一代之学术,汉儒之宗如此,则国朝之德何以正?

二、儒 生 酷 吏

窦太后去世后,汉武帝可以施展文武之道,这体现在对内和对外两个方面。对内主要为任用儒生与酷吏,以推恩令行削藩政策,对外则为与匈奴的关系。

汉武帝刚刚转向文学,就开始使用儒生和酷吏,与这一政治现实对应的是,《史记》中《儒生列传》(第六十一)与《酷吏列传》(第六十二)紧贴,可见其一文一武,关联紧密。很容易让人想到世家的体例安排,《孔子世家》(第十七)与

---

① 《史记·儒林列传》结尾是"董仲舒子及孙皆以学至大官"。子孙均不具名,有违史迁写人的惯例,可见其笔法。方苞所言切中要害:"由弘以前,儒之道虽郁滞而未尝亡;由弘以后,儒之途通而其道亡矣,此所以'废书而叹'也。习其读者乃以为赞美之辞,噫,失之矣。"转引自《史记》,韩兆琦译注,中华书局,2010年,第7180页。蒙文通先生有言:"仲舒而后……皆规矩于章句之末,先王经世之志、改制之详,暗而不彰。"参见蒙文通,《周秦民族与思想》,载氏著,《蒙文通全集二·诸子甄微》,巴蜀书社,2015年,第28页。

《陈涉世家》(第十八)也是一文一武,紧贴排序(参见前文所列三十世家篇章安排表)。这样看来,《史记》中儒生与酷吏相连是在模仿孔子与陈涉相连。要澄清这一点,就要先回到那两篇世家。

在《史记·田敬仲完世家》(第十六)的结尾,司马迁深情回忆了孔子,从孔子谈起:

> 太史公曰:盖孔子晚而喜易。易之为术,幽明远矣,非通人达才孰能注意焉!故周太史之卦田敬仲完,占至十世之后;及完奔齐,懿仲卜之亦云。

一"世"三十年,"十世"三百年,人生不过三世,何以知"十世"之事?孔子回答是:"殷因于夏礼,所损益,可知也;周因于殷礼,所损益,可知也。"然而,"其或继周者,虽百世可知"。

《史记》三十世家,《吴太伯世家》(第一)可以单列,讲周朝的立朝因缘,其后二十九篇,第十六篇《田敬仲完世家》居于正中间,以此为界可将世家分为两部分(此处对世家的篇章划分,与本书第三章提供的划分略有不同)。这一篇之前,司马迁用了三篇讲述三家分晋的大事变(由春秋而战国),即《赵世家》、《魏世家》、《韩世家》(第十三至十五),进而在该篇讲述田氏代齐,呼应世家第一部分的篇首《齐太公世家》(第二),从而终结了第一部分,下启第二部分。

第二部分的开始就是《孔子世家》和《陈涉世家》,二者一文一武,由此开始了"世家"的新阶段。《孔子世家》篇首先讲生平,"孔子生鲁昌平乡陬邑,其先宋人也"。据先前《鲁周公世家》(第三)和《宋微子世家》(第八)所述,鲁人是姬姓封地(周朝),宋人是殷商遗民(殷朝),那么,孔子便混合了商、周两种血统。《陈涉世家》的结尾则征引贾谊文章评点秦朝得失,"仁义不失而攻守之势异也"。

世家中的《孔子世家》与《陈涉世家》,一个讲"造反"(武斗),一个讲"义理"(文斗/有理)。两组文武形成鲜明对照,在战国时代,儒生要文斗不要武斗成为奢望,由此构成由《孔子世家》而《陈涉世家》的转关。除此之外,孔子与陈涉一个处于周朝末年之世,一个处于秦末之世,二者相连,除了提示文武之道,无疑还揭示了"*造反有理*"的革命学说。至于儒生与酷吏相结合,则是造反者成为当权者之后走向儒、法合谋之术。双重结构的另一呈现便是,在《儒生列传》中辕固生与黄生探讨汤武是受命(造反有理)还是造反(造反无理)。

陈涉在秦末首先发难,如果没有陈涉,就没有后来的汉帝国(立朝);孔子"为天下制仪法,垂六艺之统纪",没有孔子便没有后来的汉帝国创制垂统(立教)。孔子和陈涉都是汉帝国得以创业垂统的远因。① 由上可知,《孔子世家》与

---

① 李长春,《司马迁的"素王"论》,载《现代哲学》,2015 年第 4 期,第 111—116 页,尤见第 114 页。

《陈涉世家》的安排,颇有深意。那么,《儒林列传》和《酷吏列传》的紧邻是相同的政治意图吗?或许需要在更大的篇章结构中来理解。

《史记》中,《循吏列传》《汲郑列传》《儒林列传》《酷吏列传》(第五十九至六十二)四篇连在一起并非偶然,《循吏列传》记载的诸多循吏(良吏),没有一个是汉朝官吏,《汲郑列传》所记录的则全是汉人,因此可以被视作汉朝的循吏列传。然而,官奉学说为之一变,由黄老之学而独尊儒术,所以紧随其后便是《儒林列传》,儒士却与酷吏合流,二者一文一武,在现实朝政中合作,因此下接《酷吏列传》,而《酷吏列传》所录酷吏尽是汉朝酷吏,又与《循吏列传》截然不同,形成巨大反差。

《儒林列传》记录当世儒生,以公孙弘为代表;《酷吏列传》则记录当世酷吏,以张汤为代表。二人位列三公,共事甚欢。公认为汉朝循吏的汲黯等人曾事先与公孙弘约定,然而到了汉武帝面前,公孙弘却顺着皇帝的意愿,违背之前的约定。因此,汲黯指斥公孙弘"不忠","诈而无情"(《史记·平津侯主父列传》);与之相应,儒生狄山也指斥张汤"诈忠"(《史记·酷吏列传》),就是说张汤似忠实奸。

杜周是张汤的部下,他效法张汤,揭示了酷吏的行为逻辑:"上所欲挤者,因而陷之;上所欲释者,久系待问而微见其冤状"(《史记·酷吏列传》)。君主"内多欲而外施仁义"(《史记·汲郑列传》),有些事情想做,却碍着仁义的面子,不能明说,所以就需要有一些深明君心的人替他申诉,这就是这些儒生与酷吏的发迹之术。

> 且夫人主之有奄宦,奴婢也,其有廷臣,师友也。所求乎奴婢者使令,所求乎师友者道德。故奴婢以伺喜怒为贤,师友而喜怒其喜怒,则为容悦矣;师友以规过失为贤,奴婢而过失其过失,则为悖逆矣。(《明夷待访录·奄宦上》)

黄宗羲在明清之变的时刻转身回望,断案中国历代政治得失而作《明夷待访录》,上述引文虽然以奄宦与廷臣相对,其中的判断移用至酷吏与廷臣之分,也极其恰当。戴震(1724—1777)便指出:"酷吏以法杀人,后儒以理杀人……人死于法,犹有可怜之者,死于理,其谁怜之?"[①]在政治斗争中,不仅要借助律法,还要在义理层面让对方彻底失败——只要天理不变,就永无翻案的可能。

由上可知,经过四代君主的休养生息,国家经济恢复,汉武帝有了立教垂统的基本条件,然而却儒生与酷吏兼用,深文周纳。这样一来,"兴利之臣"(《史记·平准书》)就从此鸡犬升天了。立教导德受阻,不过问题不再是严刑

---

① 戴震语,转引自余英时,《中国思想传统的现代诠释》,江苏人民出版社,1992年,第92页。

峻法,而是利益诱人,"汲汲于富贵"的时代流行精神;所以史迁也说古人就讲"爱之欲其富,亲之欲其贵"(《史记·三王世家》)。

表3 《史记》八书篇章安排

主　题	八　书
人世(1)三代	礼书第一
	乐书第二
人世(2)高祖文帝	律书第三
天　文	历书第四
	天官书第五
天人之际	封禅书第六
人世(3)汉武帝	河渠书第七
	平准书第八

《史记》八书中前三书讲人世(《礼书》、《乐书》和《律书》),《礼书》与《乐书》大量采用荀子的《礼论》和《乐论》,因为三代典礼无处征引,只能"征其义",而《律书》则记录汉高祖、汉文帝不议兵事(郭嵩焘,《史记札记》,卷三);紧接着讲天文(《历书》、《天官书》),再由天人之际(《封禅书》)为枢纽,转入汉朝尤其是汉武帝时期的时代精神(《河渠书》、《平准书》)。"不封禅兮安知外",由封禅书而转入河渠,通过水利建设,开疆扩土,安土养民,"两汉富强之所由开"(郭嵩焘,《史记札记》,卷三),因此又由《河渠书》而转入《平准书》。可见,《史记》八书以《平准书》收尾,七十列传(撇去可以单列的《太史公自序》)以

《货殖列传》作结,①是历史走至当朝时代精神状况而停笔(十二本纪、十表、三十世家、八书和七十列传的结尾都是当朝)。

对于注重利益,司马迁没有一味否定,给予了某种承认,"布衣匹夫之人,不害于政,不妨百姓,取与以时而息财富,智者有采焉",懂得把握时机创造财富。然而时间久了,尚利之风四起,需要导引。所以,史迁就曾废书而叹:

> 余读孟子书,至梁惠王问"何以利吾国",未尝不废书而叹也。曰:嗟乎,利诚乱之始也! 夫子罕言利者,常防其原也。故曰"放于利而行,多怨"。自天子至于庶人,好利之弊何以异哉!(《史记·孟子荀卿列传》)

孔、孟并非彻底否定利益,之所以很少谈,就是要防止利欲熏心,人世多怨。孔、孟要"以礼义防于利",于是,列传之末的《货殖列传》需要对勘阅读八书最初的两篇《礼书》和《乐书》。

先王以乐教感化人心,然而今世的局面是,"君子乐得其道,小人乐得其欲",因此要驯服欲望,"以道制欲,则乐而不乱;以欲忘道,则惑而不乐"。作乐(yue)不是寻欢作乐(le),

---

① 据李伯重先生(1949—)提示,在李朝时代(1392—1910)的朝鲜,《史记》中的《货殖列传》被删去,表征其厌恶商业,因此李朝朝鲜的《史记》仅129篇。

而是"节乐",节制快乐(《史记·乐书》)。

《货殖列传》中提出"素封",就是有财却无位,不禁让人想起汉时便已提出的"素王",即有德无位之人。然而汉武帝立教不过是为了满足自己心中的求仙之欲,因此没有将关于利益和商业的讨论引向义利之辨,失去了合利为义的可能,便只能采用政刑的办法。朝堂之上的大臣宗室大都走向奢靡,就重用公孙弘这样的布衣,他能够"节衣食为百吏先",树立一个压制欲望的道德楷模;另一方面就使用酷吏,以酷吏来制服人欲,"善人不能化",不是不能教化,是不用啊!"唯一切严削为能齐之"(《史记·太史公自序》),酷吏"为人多诈,舞智以御人","好杀伐行威不爱人"(《史记·酷吏列传》),天子却"以为能",酷吏便成了汉武帝的齐民要术。这样一来,义利之辨的立教议题,就转换成了朝堂之上必然重用儒生与酷吏结合的政治逻辑。

因此,《儒林列传》与《酷吏列传》紧贴,然而这一文一武的安排却与《孔子世家》和《陈涉世家》的紧贴不同。表面上看二者都是讲文武之道,然而仔细品咂,立意大相径庭,一组意在褒奖,一组意在贬斥。儒生和酷吏是"盛世"下的"功狗",而孔子和陈涉是救末世衰微的奔走者,他们与汤、武具有一样的革命意义。

  桀、纣失其道而汤、武作,周失其道而《春秋》作。秦失其政,而陈涉发迹,诸侯作难,风起云蒸,卒亡秦族。

天下之端,自涉发难。(《史记·太史公自序》)

言下之意,汤武革命是周秦之变和秦汉之变的楷模。秦汉之变中,陈涉有首义之功,却犯下了"胜利时骄傲的错误",孔子和陈涉一变而为汉武时期的儒生和酷吏。韩非子讲"儒以文乱法,侠以武犯禁",而今儒法合流,以《春秋》决狱,则文法合流,而游侠却无法收编,不在酷吏齐民之列。剪灭游侠,一方面是注重文教对游侠尚武的反扑,另一方面是酷吏齐民之需要,不能有法外之民。至此可以看到,素封以经济系统对抗国朝秩序,素王以哲学系统对抗,[①]二者都被收编,而游侠以逍遥系统对抗,终究消失(《汉书》之后,历代正史不复撰写游侠列传)。

三、推恩削藩

汉高祖在立朝初期后剪灭异姓王,随后大封同姓王,是为了巩固统治,然而文景时期,同姓王也呈现出对朝廷的挑战。晁错认为诸侯王已经尾大不掉,"削之亦反,不削亦反"(《削藩策》),干脆就直接建议汉景帝大力削藩,引发诸侯王联合反扑,随后吴、楚等七国以"请诛晁错,以清君侧"之名

---

① 张文江,《〈史记·货殖列传〉讲记》,载氏著,《古典学术讲要》,第95页。

造反,晁错身死谋败。

诸侯王国仿照中央政制,汉初中央与诸侯王国的这一特定政治结构,使得一旦要立教改制就需要削藩,否则岂不是各立各的教,反倒加剧国朝分裂?借助立教的视野,能更好地理解淮南王刘安(前179—前122)与汉武帝刘彻的政争。汉承秦制,"不修文学";而淮南王刘安"藏《诗》《书》,修文学"(《淮南子·精神》),甚至还对历法问题有所动议[①]——他的问题不在于违背了汉初"不修文学"的定制,而恰恰正在于"修文学"。他对"无为"不以为然,还举例神农、尧、舜、禹、汤,他们都是圣人,不都是有所作为才成为圣人的吗(《淮南子·修务训》)?

> 欲强省其辞,览总其要,弗曲行区入,则不足以穷道德之意。故著书二十篇,则天地之理究矣,人间之事接矣,帝王之道备矣!(《淮南子·要略》)

随后,《淮南子》回顾了周文王、周武王的事业,历数自周公以来的重要学问与人物,直至秦朝以强力一统,严刑峻法流行于世,最后转角,落脚到汉朝:

[①] 白光琦,《〈淮南子〉在历法上的创见及其来源》,载《史学集刊》,1999年第1期,第7、15—16页。

若刘氏之书,观天地之象,通古今之事,权事而立制,度形而施宜,原道之心,合三王之风,以储与扈冶。玄眇之中,精摇靡览,弃其畛挈,斟其淑静,以统天下,理万物,应变化,通殊类,非循一迹之路,守一隅之指,拘系牵连之物,而不与世推移也。故置之寻常而不塞,布之天下而不窕。(《淮南子·要略》)

学者要么托古,以表明纵然知晓王道,也非创作者,不过记录者而已;不托古的人,则直接献计于君上。例如,河间献王刘德(前171—前130),虽然是废太子刘荣(前172—前148,原本应该即帝位,被汉武帝取而代之)同母胞弟,且有贤达之名,然而因其懂得"贡献",虽遭猜忌,终得以保全自己一生太平。然而,《淮南子》卒章明志,落脚到汉家王朝,却自命为"刘氏之书"如何通晓天人之际、古今之变,又能合于上古三王之风,贯通天地人三材,因应时变而制礼作乐,如此一来,岂不是真正的有德者?何况刘安还具有刘氏血脉,足以继承大统。"五帝异道,而德覆天下;三王殊事,而名施后世。此皆因时变而制礼乐者。"(《淮南子·泛论训》)这不是要改换门庭吗?《淮南子》的作者意图似乎与司马迁很接近,也在全书最后阐明:

纪纲道德,经纬人事,上考之天,下揆之地,中通诸理……足以观终始矣……言道而不言事,则无以与世浮

沉;言事而不言道,则无以化游息。(《淮南子·要略》)

《淮南子》也要通天人之际和古今之变,其具体操作是"道"与"事"兼备,不能托之空言,也不能只是行事,要能从具体得失中窥见一般道理。那刘安主持门客编撰《淮南子》,问题到底出在哪？论血亲辈分,刘安是刘彻的叔父,是长辈;论权力关系,刘安是藩王而刘彻是君主。汉武帝本人就想改制,立教就是一改秦制之敝,以文补质。刘安恰恰是因为与汉武帝的这种一致才遭致杀身之祸。《淮南子》在相当程度上继承了《吕氏春秋》,要知道《史记·秦始皇本纪》开篇旋即写到吕不韦为相,"招致宾客游士,欲以并天下",这正是立教之义,由臣下动议且实际操刀,先斩后奏,岂不有僭越之嫌？

或许自七国之乱和刘长去世以来,淮南王一直有一种危机感,①然而,刘安所为并非真的"清静无为",反倒恰恰在于他的作为,或许是希望帮助武帝处理建汉以来若干历史问题的总结。但要命之处在于,这可能比刘长的"自为法令,拟于天子"(《史记·淮南衡山列传》)更要命,这关乎国本,更像表面奉行"黄老无为"实际"阴谋修德"——更何况刘安没有像之前信奉无为的统治者那般无违祖制,而有改制之意,岂

---

① 徐复观,《两汉思想史》(第二卷),华东师范大学出版社,2001年,第109—112页。

不正坐实了"阴谋修德"以倾前政?刘安以诸侯王身份扛起了秦、汉之际遗留的立教大旗,怎不僭越?① 这显然抢夺了汉武帝可能的立教大旗。再回想旧日,汉文帝刘恒与时任淮南王刘长的政争(汉文帝乃武帝祖父,刘长乃刘安之父),怎可不警醒?如老子所示,"代大匠而斫,希有不伤其手也"。

立教与削藩交织已在文帝刘恒与淮南王刘长的政争中可见一斑,汉文帝六年,淮南王刘长因谋反被废,发谪途中不食而死。汉文帝担心天下人非议,斩杀没有给刘长进食的人(《史记·淮南衡山列传》)。然而民歌唱作"兄弟二人不能相容",汉文帝又封刘长的四个儿子,分享以往的淮南国(其中刘安为淮南王),表明不是为了把淮南国收归为汉廷,划作郡县,贪恋藩王的土地。彼时上书改制立教的贾谊,还曾谏言削弱淮南势力,担心汉文帝与刘长之子有杀父之仇,将淮南国分封四子,"虽割而为四,四子一心也",分土地给他们无疑是"假贼兵、为虎翼者"(《新书·淮难》),担心如果让刘长之子坐大,则汉文帝与淮南王的政争还会延续。此番算谋,恐汉文帝已有,然而"阴谋修德",似又胜贾谊一筹,何况刘长之子分布四处,不足为虑。

汉武帝的削藩思路也是如此,经由主父偃的建议,他落实贾谊已经提出的"众建诸侯而少其力"的策略,施行推恩

---

① 专书讨论此问题,参见 Griet Vankeerberghen, *The Huainanzi and Liu an's Claim to Moral Authority*, State University of New York Press, 2001。

令(《史记·平津侯主父列传》)——以往只有长子能够继承封国封土,现在孩子们都能继承,土地越分越小,诸侯王除了名头,不再对中央政权构成实质威胁——足见立教时刻的策略与立朝时刻不同,彼时汉高祖以武力剪灭异姓王,而今汉武帝施展和平的技艺,不战而成。

行至汉武帝时期,刘安谋反案发,正在公孙弘为相的第二年,公孙弘"以《春秋》之义绳臣下"就是"论心定罪"(《盐铁论·刑德》),则可以诛心。但公孙弘恰恰因此成为汉朝丞相,而"张汤用峻文决理为廷尉",儒生与酷吏相得益彰。要解决周朝末年以来的"文敝"问题,就要用文,需要**深虑知化**之士,然而公孙弘与张汤**深文周纳**,完全走向了反面。

第二年,"淮南、衡山、江都王谋反迹见"。儒士与酷吏相合之下,诸侯"谋反迹见",似乎不得不反,或者纵然不反也被定罪为反——酷吏已从儒者的"原心定罪"创制"腹诽"之罪。无论是否有叛乱之事,因藩王之位、聚集士子之行径,况且宣扬先帝旧说,不知时更势易,不思与时俱进,必欲除之而后快。张汤处理此案,"坐死者数万人,长吏益惨急而法令明察"(《史记·平准书》,《史记·酷吏列传》)①。

淮南王与史迁不同,终究是政治人,而非作家,不肯忍辱

---

① "步舒至长史,持节使决淮南狱,于诸侯擅专断,不报,以《春秋》之义正之,天子皆以为是。"(《史记·儒林列传》)**吕步舒**是董仲舒的弟子,曾在不知作者为何人的情况下,批评董仲舒的灾异说。可以看到,董仲舒与徒弟吕步舒并非同道中人;不可以将诛心之论径直归罪于董仲舒。

而生，何况彼时没有社会舆论监督，落入酷吏之手，能否生还亦足忧矣。淮南自杀，而史迁所述多有曲笔，可见其中非造反戡乱如此简单。立教与削藩交织，既涉及若干历史问题的决议，又是当下君臣关系的重定。

平定淮南、衡山叛乱后，汉武帝于元狩元年（前122）下诏："日者，淮南、衡山修文学，流货赂，两国接壤，怵于邪说，而造篡弑"①（《汉书·武帝纪》）。其实就是为谋反案做出官方定论：刘安所作所为有两条不可容忍，结交士人，收买人心，实际"阴谋修德"，正是僭越之举。"天子诏书决无抄袭诸侯王著作之理"②，这一历史文献考证的分析理路，恰恰佐证了刘安与武帝的政争，既然诏书内容不能取自诸侯王，立教大业又岂能放任一个诸侯王捷足先登？

刘安与董仲舒皆有立教安邦的整体设计，而结局迥异。诸侯王一旦有了全盘设计，则无法区分是忠是奸，在政治生

---

① 历史评价随着"当代"政治诉求的变化而变动不居。《史记》中八书以《平准书》结尾，七十列传（除去史迁自序）以《货殖列传》结尾，不能不说是直指"当朝"（武帝一朝）的时代精神。因此，武帝身后，汉昭帝召开盐铁会议讨论国家经济建设问题，与此互为表里的则是对武帝功过做一历史评价。在此背景下，汉宣帝时期的《盐铁论》显得尤为重要，它既是在记录汉昭帝的经济改革，也记录了对汉武帝的历史评价。果不其然，编者桓宽是要"究治乱，成一家之法"（《汉书·公孙刘田王杨蔡陈郑传》）。

汉武帝评淮南王刘安的话，或许恰恰可以对照《盐铁论·晁错》中桑弘羊所说："日者，淮南、衡山修文学，招四方游士，山东儒墨咸聚于江、淮之间，讲议集论，著书数十篇。然卒于背义不臣，使谋叛逆，诛及宗族。"

② 游国恩：《游国恩学术论文集》，中华书局，1989年，第546页。

活中,"修德"与"阴谋修德"以倾前政对于掌握政治权力的人而言似乎没有差别。董仲舒可以见用于世,在于无论何种学说,对董子而言不过"托之空言",唯有汉武帝才能"见诸行事"。只有汉武帝才能谈"继往开来",刘安聚集门客,整理国故,扛起黄老大旗,恰恰不知老子清静无为的真义,继往开来者天子,又岂能由诸侯王提议?提议便是意动,意动便可能取而代之。史迁所述"刑名本于黄老",唯独言庄子本于老子,黄老与老子一字之差,则有法、道两家之别,怎可小觑?

史迁目睹汉武帝以推恩令众建诸侯,收拢权力,所以专门回顾从汉高祖到太初时期的诸侯王,意在做一番古今对比:周厉王、周幽王之后,周朝王室衰微,"非德不纯,形势弱也",周朝德性仍然在,但是形势(智与力)已经式微,无力对抗;相较而言,史迁总结汉高祖到太初时期的诸侯王,是要"令后世得览"——这样一番历史总结是写给后人看的,想让后人明白一个道理:"形势虽强,要之以仁义为本"(《史记·汉兴以来诸侯王年表》)。

四、封禅改德

没有了窦太后的掣肘,汉武帝终于可以在秩序的内与外施展自己的文治武功了。除了上述对内举措,武帝还一改汉朝立朝以来对匈奴的和亲政策,转而征伐匈奴。

自公元前 4 世纪以来,华夏大地就面临着来自匈奴的北方威胁。① 秦、汉两朝都面临这一地缘政治问题。刘邦取得了楚汉战争的胜利,还一度信心满满,认为也可以武力解决秦朝并未妥善处理的匈奴边患。然而,前 201—200 年,韩王信叛降匈奴,刘邦被困于平城,最后死里逃生(《史记·高祖本纪》,《史记·韩信卢绾列传》),于是,最后采纳刘敬提出的和亲政策(《史记·刘敬叔孙通列传》)。

既然汉高祖赫赫战功尚且对匈奴无可奈何,此后,从汉惠帝到汉文帝、汉景帝,就都采用和亲政策,直到汉武帝才开始转变。和亲政策的结束和对匈奴战争的再次兴起,与汉朝内部的改制、改德和立教紧密相关。前 135 年(建元六年),武帝极不情愿地同意了**韩安国**(?—前 127)的和亲意见。直到前 133 年(元光二年),再次廷议,汉武帝决定一战,终于实现了立朝以来与匈奴关系的战略转变,由和亲转向战争。忆往昔,晁错、贾谊都曾建议汉文帝以夷制夷,与匈奴一战。② 看来,立教改制派也往往是主战派——一改立朝以来的和亲政策,开启新时代战争与和平的大战略。

汉武帝时期,儒生**公孙卿**已经涉猎一些方术,他提议汉武帝仿照"黄帝且战且学仙";而"且战且学仙"恰恰可以概

---

① 拉铁摩尔,《中国的亚洲内陆边疆》,唐晓峰译,江苏人民出版社,2008 年,第 307—322 页。
② 余英时,《汉代贸易与扩张》,邬文玲等译,上海古籍出版社,2005 年,第 19—23 页。

括汉武帝的主要志业。他对外与匈奴作战(战),对内立教改制与封禅(学仙)。前面已经谈到汉武帝对匈奴的战略,由和亲转向征战:前127年(元朔二年)以来,多次与匈奴交战;前110年(元封元年),汉武帝首次封禅泰山。此前不久,他亲率大军出塞,想要一血高祖刘邦的平城之辱,显然也是要以此宣示一个本朝历史上从未有过的新时代。

汉武帝一边着手平定四夷,一边着手立教事业,希望两手抓两手都要硬。《太史公自序》由司马谈讲到司马迁,原来司马迁本人就参与了平定西南的事业,"奉使西征巴、蜀以南,南略邛、筰、昆明",紧随其后,司马迁写到当年"天子始建汉家之封"(《史记·太史公自序》),可见战事与立教交织。二者连在一起才是汉武帝的大战略,他意欲文武兼备,"且战且学仙"。

汉高祖确立了汉承秦制的汉朝祖制,而汉武帝则不把秦朝放在眼里,如史迁记载了乃父司马谈的临终遗言,讲到今上汉武帝要行封禅大礼,"接千岁之统"(《史记·太史公自序》)。在汉武帝之前,周成王和秦始皇都曾经封禅,当今圣上汉武帝要封禅是"接千岁之统",显然是跨过了秦朝,否定了它在封禅事业上的一笔。

封禅事大,关乎天人之际,司马谈因为不能参与,忧郁而终:"今天子接千岁之统,封泰山,而余不得从行,是命也夫!命也夫!"(《史记·太史公自序》)"自古受命帝王,曷尝不封禅?"(《史记·封禅书》)司马谈抱憾而死,遗志于司马迁。

然而，武帝却要"且战且学仙"，与"受命"者大相径庭，草率封禅，封禅之礼"其事皆禁"（《史记·封禅书》），是汉武帝恐其所用非所是，才秘而不宣。[1] 汉武帝的封禅之志，与贯通天人之际无关，不过是在求一己之私的长生不死，"欲与天地长久"（《史记·太史公自序》）。所以，立教一事难免与术士发生瓜葛。汉文帝因新垣平造伪而不再改历，汉武帝也遭遇**李少翁**（？—前117）造伪之事。然而两人选择不同，汉武帝"诛文成将军而隐之"（《史记·孝武帝本纪》），只在日后想要引入新的术士时才为李少翁之死提供解释，说其"食马肝"而死。景、武二帝，皆有"食马肝"之言，岂不恰恰印证了改制立教乃性命攸关的大事？

汉武帝即位后，"招致儒术之士，令共定仪"，让儒生研讨封禅礼仪的政治课题，然而"十余年不就"，足见改制之事何其艰难。于是制诏御史："盖受命而王，各有所由兴，殊路而同归，谓因民而作，追俗为制也。"重要的是确立一朝之德性所在，"议者咸称太古，百姓何望？汉亦一家之事，典法不传，谓子孙何？"（《史记·礼书》）

> 化隆者闳博，治浅者褊狭，可不勉与？（《史记·礼书》）

---

[1] 洪涛，《司马迁与古今问题——读〈史记·封禅书〉》，载氏著，《心术与治道》，上海人民出版社，2013年，第163—193页。

> 朕闻五帝之教不相复而治,禹汤之法不同道而王,所由殊路,而建德一也。(《史记·平准书》)

汉武帝在立朝事业方面,改封建为郡县,变革朝廷与地方关系;在立教事业方面,由黄老之学而独尊儒术。武帝立教改制,是要为汉家一朝底定国基,唯有立教,才可以将制度化入人心。所谓"汉亦一家之事","亦"字恰恰突显汉武帝深知秦始皇传之万世的想法。"化隆"就是教化繁盛。这之后"乃以太初之元改正朔,易服色,封太山,定宗庙百官之仪,以为典常,垂之于后云"。"社祀"之事,从夏禹才开始有(《史记·封禅书》),是禅让制的终结,也是家天下的热望。在家天下的时代,立教才能确立独特的汉朝家法,汉高祖武力创业,汉武帝立教垂统。

与封禅紧密相关的是改德和改历。《史记·太史公自序》在叙述乃父《论六家要旨》后转入武帝封禅而司马谈"不得从行"的"命",此为封禅之事;之后记述的则是:"太初元年,十一月甲子朔旦冬至,天历始改,建于明堂,诸神受纪。"由封禅而改历的立教时刻,正是司马迁所面临的时代境况。

董仲舒的"三统说"认为汉朝"变周之制,当正黑统"(《春秋繁露·三代改制质文》)。这已与汉初高祖、张苍所认定的汉当黑统不可同日而语。汉高祖和张苍主张"汉承秦制",认为秦、汉两朝共享一种德性(水德),服色尚黑;实际上就没有认为汉朝配享新德性,也就没有为汉朝作为代秦而起的新朝提供充分的理据。董仲舒认为秦朝没有配享德性,所以不能占居一统,汉统直接代周而起,虽然也尚黑(由三统说尚黑,由五德终始说尚黄),但已与汉初的论证相差甚远。汉武帝听从公孙卿、壶遂和司马迁的建议,宣布改历,不再沿袭秦制使用颛顼历,转而创制并使用太初历,改历当年即为太初元年。太初者何?元始,历史新纪元之所谓;汉高祖立朝,建立汉家基业,但直至汉武帝才宣布新朝和新德,因此才真正宣布"时间开始了"。

表4 汉初至武帝之历法、教化与德性定位

时期	历法	教化	德性定位
汉初	颛顼历	黄老	水德
武帝	太初历	儒术	土德

汉武帝接受了汉朝作为新朝配享新德,太初改制既是改德又是改历,改德是取五德终始说之服色(土德—尚黄),改历是取董仲舒三统说之正朔(取夏历)。① 汉初的德性定位恰恰否定了汉家的德性,而董仲舒的定位否定了秦朝的德性。由此,代秦而起的汉代"改制"才真正实现。但是汉武帝的政权是从汉家祖宗那里传下来的,如何面对汉朝家法?汉武帝又不能与汉朝的几位先帝脱钩,既然现在改制、改德,

---

① 顾颉刚,《五德终始说下的政治和历史》,载《顾颉刚全集》,第2册,中华书局,2010年,第291页;李忠林,《从历法后天看汉初历改的原因》,载《史学月刊》,2014年第8期,第31—32页。

就势必要对先帝做一番历史评价。他绕了弯子,拿夏、商、周三代来问:"三王之教所祖不同,而皆有失,或谓久而不易者道也,意岂异哉?"董仲舒的答复是:"新王必改制",新君主一定会改制,但这并不是要变革天道,新王就任,不是接续前任,而是与苍天重新确认天命担纲者,所以"王者有改制之名,无变道之实"(《春秋繁露·楚庄王》,《汉书·董仲舒传》)。

隋唐之际的**颜师古**(581—645)在注解《汉书》时就讲,"孝子善述父之志,故汉家之谥,自惠帝已下皆称孝也",虽然汉武帝改变了汉朝的祖制,但他的做法恰恰是为了延绵汉朝的国祚,就此而言,庶几可为"孝"矣。

至此,汉武帝已初步完成了他的立教改制事业。公孙卿提倡"**汉当复兴黄帝之时**",认为当时恰恰是复兴黄帝之治的时刻,想要以神话之黄帝取代历史之黄帝,从而为汉武帝当朝制作神话,帮助其自作神话。"**汉之圣者在高祖之孙且曾孙也。宝鼎出而与神通,封禅。封禅七十二王,唯黄帝得上泰山封**"(《史记·封禅书》)。

《史记》中,黄帝为土德,是人世的第一个纪元;武帝为土德,是人世的崭新纪元。如此一来,则武帝胜过黄帝?"唯唯,否否。"(《史记·太史公自序》)是啊是啊!不是不是!恰恰是历史之黄帝构成了对现实之武帝的批评。**潘雨廷先生**(1925—1991)进而言之:

于十二本纪能始于五帝纪,其次为黄帝、颛顼、帝喾、帝尧、帝舜,实有以否定汉武帝以黄帝为神之干扰古史。

史迁颇有讥讽。汉家起兴于东南,故向西北方向求仙,所以与匈奴交战不仅是地缘之争,更是且战且学仙的直接平台。① 黄帝的贡献在于"文明"与"制度",想要学他求仙,只会徒劳无功,明儒李梦阳(1473—1530)曾诗云:

> 创建文明归制度,要知垂拱便洪荒。
> 汉皇巡视西游日,万有八千空路长。(《桥山》)

史迁专门书写《封禅书》,封禅原本是"绝地天通",要害

---

① 潘先生就李陵之祸给出了十分独到的见解:

秦始皇以西而东统一六国,车驾东游,终于目睹沧海之波涛,可算心愿已了。汉武之志直欲上追秦始皇,自秦西北"天极"更西出,探索未知方向,已由海角而转"天涯",海上飘渺之三神山,极西之西王母或可实之。然秦皇能亲自东游,汉武仅谴张骞,本人西出未远即惧而返。此为汉武终生之憾,严惩李陵,实有其不可忍者。此意司马迁尚有所不了解,太子戾自然更不理解。

参见潘雨廷,《论〈史记〉的思想结构》,载氏著,《易学史丛论》,上海古籍出版社,2007年,第275、277页。司马迁仅在《史记·赵世家》中提到周穆王西征之事,而在《史记·周本纪》中却对此只字不提,亦可以佐证史迁对此事未必当真。虽然有论者指出西王母原为东方之神,经《山海经》始被误解为西方之神,但与潘先生的判断属于两个层次的问题。有关西王母的讨论,参见刘宗迪,《失落的天书:〈山海经〉与古代华夏世界观》,商务印书馆,2016年,第535—580页。

在"通",而史迁开篇却讲晚近数百年来,人们已逐渐遗忘封禅的仪礼,无疑是在说"断"。在聚焦于"通"的《封禅书》,开篇讲"断",显然已经预示了对汉武帝封禅的全盘否定。在史迁看来,就汉武帝封禅而言,其作为皇帝错误发动,又遭致方士利用,天汉一朝未受其利,反遭其害。汉武帝时期的史迁,以黄帝为篇首,岂无古今对照之心?

(1)秦、汉古今之变:正如《封禅书》所示,司马迁或明或暗地对比秦始皇与汉武帝,认为两位都是无其德而用其事的君主。①

(2)远古与当下的古今之变:应当与《封禅书》对勘阅读的《五帝本纪》则呈示了更加宏大的人世,暗中对比了黄帝与汉武,要知道,在《史记》中,黄帝在专门记载他的《五帝本纪》中仅出现16次,却在主要记录汉武帝的《封禅书》中出现了39次(《孝武本纪》中出现35次)。武帝与黄帝同居土德之位,小大之辨立现——相较于黄帝而言,汉武帝"有土德之称而无土德之实"②。司马迁另一处记载或可对观,晋平公喜好音色,乐师指出,"黄帝以大合鬼神",但是平公"君

---

① 洪涛,《司马迁与古今问题——读〈史记·封禅书〉》,载氏著,《心术与治道》,上海人民出版社,2013年,第163—193页。
② 司马迁在许多方面暗中对比了黄帝与汉武帝,参见陈文浩,《司马迁之志》,华东师范大学出版社,2015年,第112—114页。另需注意钱锺书先生特别提示,李邺嗣言:"盖《黄帝本纪》,实太史公之**读书也,当与《封禅书》并读**。"参见李邺嗣,《杲堂文钞·五帝本纪论》,转引自钱锺书,《管锥编》(一),生活·读书·新知三联书店,2007年,第417页。

德义薄",修行尚浅,"不足以听之"(《史记·乐书》),然而晋平公非要听,反倒成了亡国之象。

(3)汉朝立朝以来五代统治者之间的古今之变:司马迁又以黄老之术命名文景之治,何尝不是暗中对比有汉一朝的"黄帝"(汉文帝、汉景帝)与汉武帝,汉文帝虽然也有后人所谓"不问苍生问鬼神"之事,但已可说是"德至隆",不至于徒留对黄帝的"此情可待成追忆";而另一方面,汉武帝求仙仿黄帝,则是失之于末流,背弃了黄帝之政。古今之变于此义大矣。

立朝六十余年,武帝登基;又经三十余年经营,立朝近百年方才立教,为汉家政权提供论证。立朝乃一时之事,立教之事,则关乎一朝性命,成就万世基业,绝非一朝一暮之功,不可不察。汉武帝有此认识,便改历法,改正朔,易服色,封禅泰山,期冀垂之后世。元封七年(前104)改称太初元年(董子恰巧当年去世),从汉高祖至汉武帝,从陆贾到董仲舒,经过几代人的努力,新时代终于开始了。至此,我们可以铺陈由秦至汉武帝这段时期制度与官奉学说之大要。

表5 秦至汉武帝之官奉学说、制度与德性定位

朝代	学说	制度	德性	君主—时期
秦朝	法术	秦制	水德	(1)秦始皇 (2)秦二世
汉朝	黄老			(1)汉高祖
				(2)孝惠帝、吕后
		改制		(3)孝文帝 (4)孝景帝
	儒术		土德	(5)孝武帝

第七章 史迁之志:立教与古今之变

教不时则伤世。(《史记·乐书》)

爰至有汉,运接燔书,高祖尚武,戏儒简学;虽礼律草创,诗书未遑,然大风鸿鹄之歌,亦天纵之英作也。施及孝惠,迄于文景,经术颇兴,而辞人勿用;贾谊抑而邹枚沉,亦可知已。逮孝武崇儒,润色鸿业,礼乐争辉,辞藻竞骛。(刘勰,《文心雕龙·时序》)

一、欲与仁义

周秦之变,秦用法术,有刑政而无德教,不能救"周文之敝";汉初文景之治,以无为而治,不是站在教化的对立面,而是不用教化;直至汉武帝面临百年来未有之局面,才终于以立教救文敝,解决周朝末年遗留的历史问题。汉武帝立教可谓周秦之变以来的首创,史迁亲身经历,心有戚戚,褒贬记之。

"虽小道必有可观焉",司马迁对汉武帝立教改制有所赞扬;然而"致远恐泥",在他看来,汉武帝立教改制虽然有功,但其罪更大,所以又颇有微词,在酷吏、劳民之战、术士、求仙、经济等多个方面有所讥讽。大体可以归纳到"且战且学仙"的表述上,"且战且学仙"就是"用文武"。

论"武"则与匈奴作战,外御匈奴固然可取,似亦捍卫华夏,然而劳民伤财(《史记·平准书》)。三代以来,中国边患以匈奴为最,至汉朝亦不能改观。《匈奴列传》(第五十)随后并未紧贴《南越列传》、《东越列传》、《朝鲜列传》和《西南夷列传》(第五十三至五十六),而是插入《卫将军骠骑列传》(第五十一)和《平津侯主父列传》(第五十二)。史迁的考虑可能恰恰在于《匈奴列传》最后的提示,"唯在择任将相哉",要注意挑选文臣武将。① 也是在《匈奴列传》中,司马迁批评汉武时期"建功不深",显然没有兴起"圣统"。圣统就是近者悦,远者来:"远人不服,则修文德以来之。既来之,则安之"(《论语·季氏》)。然而,这并不等于司马迁不主张进攻匈奴,作《匈奴列传》就是为了"知强弱之时,设备征讨"(《史

---

① 阮芝生,《论史记五体的体系关联》,载《台湾大学历史学报》,第 7 期(1980 年 12 月),第 1—30 页。毛泽东 1973 年 7 月布置标点、注释《史记》中的《陈丞相世家》、《绛侯周勃世家》、《黥布列传》、《灌婴列传》和《陆贾列传》,特别指出陆贾曾提醒陈平注意:"天下安,注意相。天下危,注意将。"

记·太史公自序》)。①

论"文"则汉武帝封禅,春秋决狱(儒生加酷吏)。史迁当然认可"通天人之际"的封禅,却因汉武帝封禅只是为了求一己成仙之私欲而意兴阑珊。汉武帝空有立教之名,公孙弘与辕固生同被征召,却弃固而取弘;启用申公,却又束之高阁。赵绾和王臧都曾师从申公学《诗》,两人要为武帝"立明堂以朝诸侯",却无从下手,遂请汉武帝启用申公。

史迁此处特意强调申公的长者身份——"申公时已八十余",言下之意,一身经历秦、汉之际和汉朝立朝以来历代君主,揪其要害,直书"天子问治乱之事",申公的答案是:"为治者不在多言,顾力行何如耳"(《史记·儒林列传》)。原来,虚言无用,不如身体力行。这无异于指责汉武帝一心要成就一代帝业,却偏离了正路;自以为的王道说不准竟可能成为亡道。此时的天子恰恰喜欢文辞华章("方好文词"),"默然"而对。汉武帝立教,显然深知周秦之际文敝之症,意欲补救,然而方才补救,便立刻埋下了新弊病的伏笔——文教的核心在立德导民,要"全其质而发其文"②,而不是以文废质。

---

① 陈桐生,《中国史官文化与〈史记〉》,汕头大学出版社,1993年,第200—229页。
② 班固《答宾戏》写道:"近者陆子优由,《新语》以兴;董生下帷,发藻儒林;刘向怀籍,辩章旧闻;扬雄覃思,《法言》、《太玄》:皆及时君之门闱,究先圣之壶奥,婆娑乎术艺之场,休息乎篇籍之囿,以全其质而发其文,用纳乎圣所,列炳于后人……乃文乃质,王道之纲。"(《汉书·叙传上》)

"法令所以导民也,刑罚所以禁奸也。文武不备,良民惧然身修者,官未曾乱也。奉职循理,亦可以为治,何必威严哉?"(《史记·循吏列传》)若能导民以德,何必用文武?从吕后到汉文帝、汉景帝,朝堂之上一直都有酷吏,最终以汉武帝一朝为最。汉武帝"内多欲",酷吏正是其私欲之外在显现。汲黯曾经批评汉武帝多欲,也一并指斥张汤等酷吏("上不能褒先帝之功业,下不能抑天下之邪心"),他"学黄老之言,治官理民,好清静"(《史记·汲郑列传》)。然而,既然文景之治乃黄老之术,亦用酷吏,则史迁所论,岂独批评汉武帝一朝政治?

汉武帝本人"内多欲而外施仁义",他重用的儒生公孙弘"外宽内深"(《史记·平津侯主父列传》),以酷吏治国,亦刻薄寡恩。

> 故诸为武帝生子者,无男女,其母无不谴死。**岂可谓非贤圣哉!昭然远见,为后世计虑,固非浅闻愚儒之所及也。谥为"武",岂虚哉!**(《史记·外戚世家》)

此一节为褚先生所补,却颇有史迁余韵。纵然为防止外戚干政,何必不问生男生女,把他们的母亲全部处死?① 实

---

① 《资治通鉴·宋明帝泰始七年》曾记载北魏献文帝黄老韬略(对勘汉文帝),亦曾记载宋明帝杀太子亲母的故事(对勘汉武帝)。

际是以虑及后世为名,满足个人武欲。前言"有土德之瑞,故号黄帝",周武王以武力立朝(故号"武王"),终究文治天下,此处汉武帝虽有土德,却因对内刻薄寡恩,而号为"武",古今之变斯足忧矣,反讽之极。为封禅成仙,武帝曾言:"嗟乎!诚得如黄帝,吾视去妻子如脱屣耳!"仙业未成,却已抛弃妻子,不是"武"又是什么?"且战且学仙","学仙"功业未见,却已磨刀霍霍。

《太史公自序》说及"世家"的篇章安排时指出,"二十八宿环北辰,三十辐共一毂",前者取义孔子"为政以德,譬如北辰"(《论语·为政》),后者取义老子"三十辐共一毂,当其无有,车之用"(《老子》第十一章),意在效法孔老的治世理想。① 可惜班固已不能识得世家的*佐使之功*,世家遂成史书体例之绝响。

前次曾讲明,三十世家,除去第一篇之外的二十九篇,以《田敬仲完世家》为中心,分为两部分。第二部分即从《孔子世家》(第十七)到《三王世家》(第三十)的十四篇。其中前两篇《孔子世家》与《陈涉世家》揭示了古今变局中的文武之道;随后十二篇俱为汉朝人事,其中《外戚世家》(第十九)居首,同姓六篇,开国功臣五篇。既然十二篇世家尽是汉朝人事,却以外戚打头,固然因为史迁认为外戚势力在汉朝颇为

---

① 李长春,《司马迁的"素王"论》,载《现代哲学》,2015 年第 4 期,第 113 页。

强劲,以外戚打头,可见岂独武帝一人"内多欲"? 更何况周武王立朝时特意申说古人曾言"牝鸡无晨","牝鸡之晨,惟家之索"(《史记·周本纪》)。妇女干政很是危险,而从吕后到窦后,汉朝不是已经显明了后宫干政的传统吗?

> 自古受命帝王及继体守文之君,非独内德茂也,盖亦有外戚之助焉……故《易》基《乾》《坤》,《诗》始《关雎》,《书》美釐降,《春秋》讥不亲迎。夫妇之际,人道之大伦也……非通幽明,恶能识乎性命哉? (《史记·外戚世家》)

"君子之道,造端乎夫妇,及其至也,达乎天地"(《礼记·中庸》)。好的夫妇之道,是君子之道,然而汉朝五代的现实却并非如此。史迁从汉高祖、汉惠帝、汉文帝、汉景帝讲到当朝汉武帝,言及汉家五代皇帝的外戚。他在《外戚世家》下一篇《楚元王世家》(第二十)的评语更像是对外戚的评点:"贤人乎,贤人乎! 非**质有其内**,恶能用之哉?"说到内在的朴实,它的对立面就是"内多欲"。

反抗暴秦之时,沛公定军霸上,攻破咸阳,范增劝谏项羽:"沛公居山东时,贪于财货,好美姬。今入关,财物无所取,妇女无所幸,此其志不在小"(《史记·项羽本纪》)。原来,在着手立朝开国的时刻,本是贪财好色的人却秋毫无犯,隐忍内心的欲望,显然是为了开拓一番大事业。

然而,时光荏苒,一旦国朝底定,通过压抑内心欲望而获得的权力,又会反过来唤醒这些被压抑的欲望;有了权力的帮助,这些欲望是否会疯狂反扑?当时的一时隐忍可能只是为了更长久和更大的欲望。正因为有了这些欲望,便有了佞幸相伴左右。

所以,史迁专辟一处,为佞幸作传,显然是在说君主的欲望——因为君主这番"多欲",无德者受恩,而无过者却招致飞来横祸,此番境地,又怎是史迁一人遭遇?

> 孔子曰:"君子有不幸而无有幸,小人有幸而无不幸。"又曰:"君子处易以俟命,小人行险以徼幸。"佞幸之徒……无德薄才,以色称媚,不宜爱而受宠,不当亲而得附,非道理之宜,故太史公为之作传。邪人反道而受恩宠,与此同科,故合其名谓之《佞幸》。无德受恩,无过遇祸,同一实也。(《论衡·幸偶》)

《佞幸列传》开篇便讲了一个谚语,也就是普通人都了解的道理:"力田不如逢年,善仕不如遇合。"汉高祖、汉惠帝和汉文帝,三代君主都有佞幸之臣。史迁尤其描述了汉文帝时期的邓通,他毫无技能,从未推荐过什么贤达之士,无益于治国安邦,只是以"谨其身以媚上"。汉文帝宠幸之至,甚至赐其铜山,使他得以铸钱,从而有了"邓氏钱"的说法。

"非独女以色媚,而士宦亦有之。"邓通的媚主之术在提示我们,除了这种一目了然的佞臣之外,还有一种谨慎之臣,他们表面上很好,什么错都不犯,在史迁看来却是隐藏更深的佞臣。如果一个人臣不曾犯错,处处谨慎,不是好事吗?元鼎五年(前112),石庆出任丞相,在位九年,当此之时,汉武帝在秩序内外一并施展抱负,"天子巡狩海内,修上古神祠,封禅,兴礼乐"(《史记·万石张叔列传》),可是石庆在位期间,"无能有所匡言",毫无进取,"文深审谨",什么也没做,只知道上书不要写错别字,做人不要被人抓住小辫子。

为什么朝堂之上有兴利之臣、酷吏和儒生,却还要用这样一个什么都不做的人做丞相? 史迁对石庆等人的评点是说他们"讷于言而敏于行",貌似评价很高,说他们不善文学,只是埋头做事,问题是他们做了什么? 做事就意味着首先要论定是非,而他们唯一论定的就是不参与是非之争。

老子说"见素抱朴,少私寡欲"(《老子》第十九章),虽然史迁记载石庆等人学习老子,为人有质,而且貌似自我要求十分严格,然而不过是把老子的心性教诲转化为实现欲望的手段罢了。所以,《孟子》在讲完"寡欲"、"多欲"之后就开始谈"乡原"了。司马迁是明褒实贬,他在记述石庆的同一个列传里批评塞侯和周文两人狡猾("微巧")、谄媚("处谄")——这不正是孔、孟所批评的"乡原(愿)"之人吗? 其实就是在否定他们"近于佞"的行为,他们与佞幸之人的区别只是他们藏得深。所以公孙弘为"文",而石庆行"质",却能够共同辅佐汉武帝,原因就是他们——文非真文、质非真质。

乡愿,看起来"行全无阙,非之无举"(《论衡·累害》),就是老好人,什么错都挑不出来,万石、周仁、张叔等人都是乡愿之人(《史记·万石张叔列传》)。他们表面上是寡欲,实际上是"不情"——不合常情,恰恰是要满足某种深切的欲望。这些人臣是恭谨之臣,恭谨所在是为了保全身家,所以他们是"全躯保妻子之臣"(《报任安书》;刘大櫆,《海峰先生文集》卷二)。汲黯就曾指出,公孙弘位列三公,俸禄甚多,却依然衣着简朴,这是"诈"(《史记·平津侯主父列传》)。不合常情,要么是古今一圣,要么就是伪装!正所谓"德之贼也"。明儒柯维骐(1497—1574)曾指出:

> 不情者,君子之所恶也。以德报怨,行之美者,孔子不与,以其不情也。直不疑买金偿亡,不辨盗嫂,亦士之高行矣,然非人情,其所以蒙垢受诬,非不求名也,求名之至者也。(《史记考要》卷九)

这些表面上的谨慎之臣实际上是**多欲寡情之臣**——在强君之下,他们要保全身家妻儿,而酷吏则为**刻薄寡恩之人**,佞幸就是**奸佞邀宠之人**,他们都是多欲之人,与"多欲"的强君匹配,真可谓千古君臣了。

汉高祖认为应当让君主做好人,人臣做坏人,在他看来,萧何为民请命,这不就是"自媚于民"吗?所以要整治他,最后冰释前嫌,汉高祖自嘲是"桀、纣之主",为自己解围,说这样一番折腾正是要凸显萧何是"贤相"而已(《史记·萧相国世家》)。虽然就此了结,但是萧何看的明白,他对家人的安排是:"后世贤,师吾俭;不贤,毋为势家所夺。"这样看来,萧何也在保全身家妻儿,却与上述谨慎之臣截然不同。

在楚汉之争的胶着期,蒯通曾建议当时的齐王韩信自立门户,与刘邦、项羽三分天下。韩信以为刘邦待他"甚厚",不能以利背义。蒯通就拿张耳、陈余举例,两个人曾经是生死之交,最后却兵戎相见,就是因为"患生于多欲而人心难测"(《史记·淮阴侯列传》)。汉朝一统天下后果不其然,汉高祖逐渐削弱异姓王,最后韩信被杀。汉武帝以来,立朝与立教的问题在政治层面上都解决了,从此以后,人臣如果想做良吏,就都是"自媚于民",当然不行。反过来,像卫青(?—前106)这样"以和柔自媚于上"(《史记·卫将军骠骑列传》),虽然得不到天下人的好名声,却能够赢得一时之利。

二、时 与 世

佞幸要遇到相合的君主才行,"爱憎之时","虽百世可知也"。佞幸之臣期望的君主与史迁所期望的不同,以仆妾之心侍君与司马迁之志迥异。司马迁感时伤世:

"君子疾没世而名不称焉。"贾子曰:"贪夫徇财,烈士徇名,夸者死权,众庶冯生。""同明相照,同类相求。""云从龙,风从虎,圣人作而万物睹。"伯夷、叔齐虽贤,得夫子而名益彰。颜渊虽笃学,附骥尾而行益显。岩穴之士,趣舍有时若此,类名堙灭而不称,悲夫!闾巷之人,欲砥行立名者,非附青云之士,恶能施于后世哉?(《史记·伯夷列传》)

这番论述在列传之首的《伯夷列传》,与列传之末的《太史公自序》或可对观。孔子"疾没世而名不称",遂作《春秋》;司马迁"疾没世而名不称",遂作《太史公书》。孔子批评乡愿之人是"阉然媚于世者",佞幸与乡愿的共同之处在于佞幸之人"乱义",乡愿之人"乱德"(《孟子·尽心下》)。这段话正是《孟子·尽心下》的倒数第二段——在这段话之前,孟子谈到了"多欲"和"寡欲"的问题;这段话之后也就是《孟子》最后一段,则是有关五百年大历史的判断。

先人有言:"自周公卒五百岁而有孔子。孔子卒后至于今五百岁,有能绍明世,正《易传》,继《春秋》,本《诗》《书》《礼》《乐》之际?"意在斯乎!意在斯乎!小子何敢让焉。(《史记·太史公自序》)

《史记》开篇不久就讲到"轩辕之时,神农氏世衰"(《史记·五帝本纪》),轩辕起兴的时刻,神农氏统治的人世衰微。这也提供了司马迁关于"时"与"世"的思考原型。

据《史记·周本纪》,周公"兴正礼乐","度制于是改,而民和睦,颂声兴"。司马迁就讲,孔子身后,"京师莫崇庠序",教化之事搁浅,直至建元、元狩年间,"文辞粲如也"(《史记·太史公自序》)。然而,如果这些儒生真正接续了孔子的心志,也便不需要史迁当仁不让了,显然司马迁与这些儒生在竞争立教事业的具体道路。

史迁记述孟子被认为"迂远而阔于事情(condition)",太过迂远,以至于无法理解人与人世的境况。

> 当是之时,秦用商君,富国强兵;楚、魏用吴起,战胜弱敌;齐威王、宣王用孙子、田忌之徒,而诸侯东面朝齐。天下方务于合从连衡,以攻伐为贤,而孟轲乃述唐、虞、三代之德,是以所如者不合。(《史记·孟子荀卿列传》)

这与孟子所说互文:

> 五百年必有王者兴,其间必有名世者,由周而来,七百有余岁矣,以其数,则过矣;以其时考之,则可矣。夫天未欲平治天下也,如欲平治天下,当今之世,舍我其谁

也?(《孟子·公孙丑下》)①

《孟子》卒章明志,全编最后便是这五百年中国大历史的具体阐发,"由尧舜至于汤,五百有余岁","由汤至于文王,五百有余岁","由文王至于孔子,五百有余岁"(《孟子·尽心下》);史迁也认为"五百载大变"(《史记·天官书》)。

除此之外,《孟子·滕文公下》又记录了禹、周公和孔子的三阶段:"昔者禹抑洪水而天下平,周公兼夷狄,驱猛兽而百姓宁,孔子成《春秋》而乱臣贼子惧。"孟子之时距离孔子之世不过百年,两处记述将孔子所放入的具体谱系略有出入,但所列谱系均是由帝王(有德有位)而素王(有德无位)。

史迁记录先人之言,却由周公讲起,转至孔子,都是素王,有德无位(《史记·十二诸侯年表》所记就是从周公至孔子)。孟子回溯的帝王已经一去不复返,而今士子所能做的不过是效法孔子,"高山仰止,景行行止"(汉武帝也曾表露对周武王"高山仰止"之心,但更像是政治家的掩饰,参见《史记·三王世家》)。所以便有了"意在斯乎、意在斯乎"的感叹!就是"斯文在兹",而"小子何敢让焉",可谓当仁不让,"当今之世,舍我其谁"?

---

① 沃格林(Eric Voegelin,1901—1989)特意指出这两段话之间的互文关系,参见 Eric Voegelin, *Order and History*, Vol. 4, *The Ecumenic Age*, University of Missouri Press, 2000, pp. 349—350。

表6 《史记》十表篇章安排

朝代	表	时间、事件与人物
夏、商、周	三代世表	黄帝至周召共和
周朝	十二诸侯年表	周召共和至孔子
周朝	六国年表	由战国而一统,由一统而失势
秦、楚	秦楚之际月表	陈涉发难,楚汉之争,刘邦称帝
汉朝	汉兴以来诸侯王年表	汉朝立朝以来的诸侯王
汉朝	高祖功臣侯者年表	汉朝立朝以来的功臣诸侯
汉朝	惠景间侯者年表	汉惠帝至汉景帝之间的诸侯
汉朝	建元以来侯者年表	汉武帝时期的诸侯
汉朝	建元已来王子侯者年表	汉武帝时期的王子诸侯
汉朝	汉兴以来将相名臣年表	汉朝立朝以来的将相名臣

知时变才能论人世。国朝初定之时,可以用铲除暴秦的历史叙事论证政权的正当性,然而国朝稳固之后,如何在书写历史(支持革命,"革")的同时巩固政权(反对革命,"鼎"),便不得不立教。有关历史书写,汉家士子更多地讥讽秦朝暴虐,短命可叹。史迁固然如此,却又指出,若秦朝一

无是处，何以曾经一度一统天下？想要迎接一个新的治世，就要准确把握秦朝的得失。

在史迁看来，秦国有"德义"的君主甚至都比不上鲁国、卫国的"暴戾"之君（《史记·六国年表》），兵力合起来不如三晋的强，却能够成功崛起，最后一统六国，绝不只是因为"形势利"，而是因为能够审时度势，所以才"成功大"。总的来讲，秦朝"近己而俗变相类"，"议卑而易行"（low but solid ground），不再像孟子那样"迂远而阔于事情"，而是切近现实和人欲，虽然卑下，却有牢固的基础，容易操作，而不只是学习古代帝王（"法先王"），因此最后以"法后王"闻名于世。史迁讲秦朝这样做取得了成功，难道他认可"法后王"？如果是这样，那何必费力构思，从五帝、三王讲历史，直接描摹当朝就好了。

史迁是在展示两种立朝的思路：法后王（小人之朝）和法先王（君子之朝）。法先王，以古代圣王为标准，是"行仁义，法先圣"（《新语·道基》）。"法后王"强调顺应时势变化而"权变"，但后果是可能失去"厚"而变"薄"。于是，秦二世就显得浅薄，注重娱乐，而不关心制礼作乐，只顾寻欢作乐。李斯劝阻秦二世，认为如他这般寻欢作乐、"放弃《诗》《书》"，会亡国的。赵高则指出，五帝、三王这般圣贤，他们也各有各的乐，"亦各一世之化，度时之乐，何必华山之騄耳而后行远乎"（《史记·乐书》）。赵高通过将五帝、三王进行历史化处理，使其失去超历史的规范意义，从而将作为后来者的秦二世抬到新高度。

但问题是,如果昨天因为已经过去就变得没有意义,而今天又必然会成为新一天的昨天,那今天作为新一天的短暂瞬间而获得的意义,就像无根的浮萍,也便没有了意义。"法后王"以新君主为最高典范,虽然取得了胜利,却不能长久。所以《史记·六国年表》肯定了秦朝崛起的人世奥秘,又紧随其后告知这一篇要记录战国至秦亡的大事,就是要记录"兴坏之端","后有君子,以览观焉"(《史记·六国年表》)。

> 传曰"法后王",何也?以其近己而俗变相类,议卑而易行也。学者牵于所闻,见秦在帝位日浅,不察其终始,因举而笑之,不敢道,此与以耳食无异。悲夫!……著诸所闻兴坏之端。后有君子,以览观焉。

"法后王"在汉家立朝之后的现实政治主张,便是否定秦朝,仿佛从春秋、战国时代就在等待汉家来拯救历史的坎陷。由"法后王"立刻转入汉家学者对秦朝的讥讽,无疑是说"法后王"的学说所引向的现实政治判断很是肤浅。要"察其终始"就意味着了解秦朝的兴盛与衰败,而不是仅仅盯着这个秦朝的强弩之末。

可悲可叹的是,以为一味指斥秦朝暴虐所以终究失去天下,就可以在新时代走向仁义,这本身就有问题。站在历史的此端,作为当代人,断然否定秦朝曾经某个时刻的立朝正当性,这种做法可能会将汉家引向仁义吗?而当时帮助秦朝改制,确立水德的人,不也是"法后王"之人吗?

原来,兴坏虽然重要,但更重要的是兴坏之端——"兴盛与危机"的大事因缘。撰写历史,绝不只是为现实政权的正当性辩护寻找历史资源,而是为当朝指明兴亡之由。明晰这一点,也便明晰了立教的意味,否则只是另外一种强制。史迁在《史记》中两次使用"*希世*",分别指出叔孙通"希世度务"(《史记·刘敬叔孙通列传》),公孙弘"希世用事"(《史记·儒林列传》)。两位儒生所代表的汉儒只是假借立教之名做粉饰工作而已,又怎能理解其中的大道理?

"惜乎,子不遇时,如令子当高帝时,万户侯岂足道哉"(《史记·李将军列传》)。汉高祖之时就是立朝时刻,立朝时刻需要将领开拓;而国朝既已底定,虽然有对外战争,将军的定位也势必走向反面。司马迁身处立教时刻,"能行之者未必能言,能言之者未必能行"。"孙子筹策庞涓明矣,然不能蚤救患于被刑"(《史记·孙子吴起列传》),扁鹊行医"随俗为变","俗"与"时"指的是一回事,"俗"是空间表达,"时"是时间表达,知时变和随俗为变都指向通达知变,可与立,也可与权。然而终究不免遭人嫉妒、暗算而死,史迁自己亦如何?

三、复古更化

> 秦以刑罚为巢,故有覆巢破卵之患。(《新语·辅政》)

汉兴以来,至明天子,获符瑞、封禅、改正朔、易服色。(《史记·太史公自序》)

秦遂以兵灭六王,并中国,外攘四夷,死人如乱麻,因以张楚并起,三十年之间,兵相骀藉,不可胜数。自蚩尤以来,未尝若斯也。(《史记·天官书》)

黄帝大战蚩尤以来,人世最大的苦痛就是秦朝刑政和秦末各路诸侯混战了("未尝若斯也")。黄帝铲除蚩尤,不只是暴力解决,背后还有义理,所以成为五帝之首。要想重现黄帝的荣光,必须也像他一样,开启一个新时代才可以。要在汉朝的事实论证(de facto)之外,在大历史中确立汉朝的义理证成(de jure),恐怕必须要在智与力之外另寻立教之路。有了这一背景,班固便可以安然为汉家一朝作本朝史了——班固批评司马迁将汉朝君主"编于百王之末,厕于秦、项之列"(《汉书·叙传》),因此选择只做本朝史,本身更是其史观选择使然。那么,史迁为何还要续《春秋》之志作史?与史迁一同主张改历的壶遂(《史记·韩长孺列传》)也不能理解此事。要问这个问题,首先就要问孔子为何作《春秋》。史迁先谈到了孔子作《春秋》之志:

余闻董生曰:"周道衰废,孔子为鲁司寇,诸侯害之,大夫雍之。孔子知言之不用,道之不行也,是非二百四十二年之中,以为天下仪表,贬天子,退诸侯,讨大夫,以

> 达王事而已矣。"子曰:"我欲载之空言,不如见之于行事之深切著明也。"夫《春秋》,上明三王之道,下辨人事之纪,别嫌疑,明是非,定犹豫,善善恶恶,贤贤贱不肖,存亡国,继绝世,补敝起废,王道之大者也。(《史记·太史公自序》)

史迁曾向董仲舒求教,此处便先征引董子,看来在史迁心中,董子并非与酷吏合流的诛心之儒。司马迁心中已经有了关于孔子"素王"的思考,认为《春秋》要做的就是在王道晦暗的时刻重启王道。[①] 孔子因获麟而谈"吾道穷矣",因此作《春秋》"以当王法"(《史记·儒林列传》)。孔子之志如此,司马迁效法之,"托于无能之辞,网罗天下放失旧闻,略考其行事,综其终始,稽其成败兴坏之纪"(《报任安书》)。

壶遂听到一番《春秋》大义,遂从古典转向今世,调转问题,既然"孔子之时,上无明君,下不得任用",可谓不当其时,才作《春秋》聊解心中幽愤,那么而今"上遇明天子,下得守职,万事既具,咸各序其要","夫子所论,欲以何明?"壶遂显然代表了当世的一批人,司马迁刚刚已经指出,《春秋》并非空言,壶遂却说那是"垂空文以断礼义,当一王之法"。而其所谓"上遇明天子"便是说武帝圣明;"下得守职",岂不正

---

① 王光松,《在"德"、"位"之间》,华东师范大学出版社,2010年,第61—76页。

是因为有了儒生与酷吏相配合,行深文周纳之事?

明德不明("以其昏昏使人昭昭"),所以才有"明明德"之说("以其昭昭使人昭昭"),揭开遮蔽明德的黑暗面纱。既然孔子作史是要彰明已经被遮蔽的圣明原则,那么,史迁自承接续孔子之志,恐怕也是要彰明某种不再显明的原则,那是什么?壶遂认为天下太平,朗朗乾坤,当朝天子是圣明天子,那司马迁究竟要澄明什么,难道他认为今上这位圣明天子实际是不明之主?这番作者意图的拷问并非作品探讨,而是**政治审查**。《史记》末篇图穷匕见,这个有关作者意图的拷问必须回答。

史迁评述屈原时便已征引《易》,"王明,并受其福",转而感叹,"王之不明,岂足福哉"(《史记·屈原贾生列传》),想必为了防止迫害,他对壶遂从而也是对当世人的回答颇有曲笔:

> 士贤能而不用,有国者之耻;主上明圣而德不布闻,有司之过也。余尝掌其官,废明圣盛德不载,灭功臣世家贤大夫之业不述,堕先人所言,罪莫大焉。(《史记·太史公自序》)

表面上是说主上圣明,而不能为其记述则是自己作为人臣的过错。翻阅《史记》则知,其中所记怎是溢美之词?①

---

① 顾颉刚,《史记序》,载《顾颉刚全集》,第 12 册,中华书局,2010 年,第 645 页。

"在朝美政,在野美俗"(《荀子·儒效》),不是文饰溢美,而是使朝野变美。所以,职分所在,"众人皆醉我独醒",发盛世危言。且看史迁怎么回答壶遂,他悬置了这个有关当世的问题,再次推向先人。此番宕开一笔,无异于撅下袭来的匕首,刀光剑影,你推我攘,惊心动魄,当在文字中深切玩味:

> **唯唯,否否,不然。**余闻之先人曰:"伏羲至纯厚,作《易》八卦。尧舜之盛,《尚书》载之,礼乐作焉。汤武之隆,诗人歌之。《春秋》采善贬恶,推三代之德,褒周室,非独刺讥而已也。"(《史记·太史公自序》)

是啊是啊!不是不是!史迁重申《春秋》的原则是"采善贬恶",有则改之,无则加勉;有了这一铺垫,再直接回答有关当世的看法:

> 汉兴以来,至明天子,获符瑞,封禅,改正朔,易服色,受命于穆清,泽流罔极,海外殊俗,重译款塞,请来献见者不可胜道。臣下百官力诵圣德,犹不能宣尽其意。且士贤能而不用,有国者之耻;主上明圣而德不布闻,有司之过也。且余尝掌其官,废明圣盛德不载,灭功臣世家贤大夫之业不述,堕先人所言,罪莫大焉。余所谓述故事,整齐其世传,非所谓作也,而君比之于《春秋》,谬矣。(《史记·太史公自序》)

史迁刚才述说"先人有言",周公之后是孔子,孔子之后是史迁当仁不让。可是,这里又说不能将这部当代作品与《春秋》相比。显而易见的矛盾或许正是提醒读者注意:史迁此处不得不说一些冠冕堂皇的话,应和这个虚张声势的自诩盛世。《太史公自序》共五次提及"先人"之言,足见自我定位为不负古人告今人的转关之人和枢纽之作("成一家之言")。史迁自谦,孔子是"以其昭昭使人昭昭",而他不过是堕落的"今人","以其昏昏使人昭昭"罢了,从冥暗的地方进入光亮。

战国以齐、秦两国为主。"如扶苏继位兼重齐学,历史的进程或有所变化……而武帝之独尊儒术,在否定秦学以实行齐学,正有以继扶苏之志。"①然而,汲黯指斥汉武帝"内多欲而外施仁义",又指斥公孙弘位列三公,"俸禄甚多",却"为布被",公孙弘也承认"诚饰诈欲以钓名"。反而史迁所记公孙弘在淮南王案件中一番陈词,恰构成对汉武帝的反讽,"天下未有不能自治而治人者也,此百世不易之道也"(《史记·平津侯主父列传》)——如果不能管控好自身的欲望,如何治理天下?

汉武帝立教的问题正在于此。道家已预见法家"道可盗",而终被法家逆转为"盗可道"。所以,汉昭帝时召开盐

---

① 潘雨廷,《论〈史记〉的思想结构》,载氏著,《易学史丛论》,上海古籍出版社,2007年,第273页;周振鹤,《假如齐国统一了天下》,收入氏著,《圣谕广训:集解与研究》,上海书店出版社,2006年。

铁会议,商讨对汉武帝的历史评价,便有文学指出:"若夫外饰其貌而内无其实,口诵其文而行不犹其道,是盗"(《盐铁论·晁错》)。史迁所记,正是为了向我们呈示立教时刻成了名实不副的危机时刻,无奈大儒苏东坡(1037—1101)都误解他:

> 论商鞅、桑弘羊之功也。自汉以来,学者耻言商鞅、桑弘羊,而世主独甘心焉,皆阳违其名而阴用其实,甚者则名实皆宗之,庶几其成功,此则司马迁之罪也。(《东坡志林》卷五)

秦自秦孝公用商鞅变法以来,历经六代努力,"奋六世之余烈"(《过秦论》),才成就一代国朝;汉朝历经五代,实现立教,都不是容易的事。汉武帝立教改制,远不能重光黄帝(五德说),中不能复返周文(三统说),唯取近道,使秦时政法易名重现。史迁痛心疾首的正在于汉武帝的立教事业,原本应当改制,然而不过以改制之名将秦制坐实为汉朝家法,使汉朝一方面不必再纠缠于汉承秦制与代汉而起的新朝论证,另一方面又实际延续了秦制。

汉武帝虽然有推行"复古更化"之名(《盐铁论·复古》),却既未"任德教",更没有"复古"。如果非要说是复古的话,那也不过是复辟秦制而已。只不过,这次不是沿用秦制,而是用隐微的手法为秦制提供了儒术的论证,"以儒术缘饰文吏"。

此后,以法立国,以儒文明,成为共识;后世遂有"中国法律的儒家化"(瞿同祖语)或"儒学的法家化"(余英时语)的说法。先王乐教所带来的"情深而文明"(《史记·乐书》)的厚德状态再无可能。由此,才有了二十世纪革命时期转身回望的斩截之论:"二千年来之政,秦政也,皆大盗也;二千年来之学,荀学也,皆乡愿也"(谭嗣同,《仁学》)。史迁记述秦始皇封禅后十年秦就亡了,直指他"无其德而用事者耶?"(《史记·封禅书》),又屡屡对比秦皇、汉武,则汉武帝立教一事,岂不更是无德用事之举?然而,"始皇"之谓不仅仅是自命高位,恰恰一语成谶,秦亡而祖龙不死,岂不正是"传之二世三世以至万世"("祖龙虽死魂犹在","百代都行秦政法")?

在当世儒生看来,以高扬儒学为标志的立教事业十分重要,汉武帝正是一位圣王。① 司马迁高度评价孔子,称其"高山仰止,景行行止;虽不能至,心向往之",当然是钦佩之词,同时也未尝不是在提示,当世儒生已经距孔子相去甚远。

在史迁看来,汉武帝犯下严重错误,却还要求朝臣习练文学,始终认为自己是五帝三王以来的新君主,他的武

---

① 陈桐生,《论先秦文化传统与汉代文人心态》,载《东方论坛》,2002年第1期,第31—34页。

功事业和封禅事业都为巩固汉家江山所必需,这是他的悲剧所在。① 史迁目睹一切,却无能为力。"说难"之义(史迁"独悲韩子为《说难》而不能自脱耳"),史迁一人受辱便可窥见全豹,何况立教之事? 眼看更化难成,复古绝望,史迁怎不"孤愤"?

"孝始于事亲,中于事君,终于立身。"司马迁忍辱受宫刑,是于"事亲"一事有所不足,然而他之所为正在立身("成一家之言")。《孟子》记述孔子"登泰山而小天下",人"固有一死",可以"重于泰山"。泰山乃封禅之所,重于泰山,是天命自许,置生死于度外,"虽万被戮,岂有悔哉"(《报任安书》),这不正是屈原"亦余心之所善兮,虽九死其犹未悔"? 相较于求仙而封禅泰山之君,大小可见。

史迁特意记载赵高劝说丞相李斯密谋拥立胡亥为帝时所说"安危不定,何以贵圣",此小人之心。史迁置死生于度外,有忍痛不死之心志。② 史迁此前曾为季布作传,此人系

---

① 《盐铁论》作为对武帝历史评价的文本,提供了一种参考:

圣王之治世,不离仁义。故有改制之名,无变道之实。上自黄帝,下及三王,莫不明德教,谨库序,崇仁义,立教化。此百世不易之道也。殷、周因循而昌,秦王变法而亡。(《盐铁论·遵道》)

② 阮芝生,《司马迁之心——〈报任少卿书〉析论》,载《台湾大学历史学报》,第26期(2000年12月),第151—205页。曾有二十世纪新儒家豪言"我若死,天地将为之变色,历史将为之改辙"(梁培宽编注,《梁漱溟往来书信集》,上海人民出版社,2017年,第1034页),此语移用至司马迁再妥帖不过。

项羽旧部,在项羽楚军英勇的队伍里,他仍能以"勇"闻名,"可谓壮士"。然而刘邦得天下后,念及曾被他屡屡战胜,要泄私愤,天下通缉。季布自甘以奴隶身份作掩护,司马迁认定他"必自负其材,故受辱而不羞"(《史记·季布栾布列传》),因为还有更重要的事业没有做啊!下笔至此,不正是司马迁的夫子自道吗?而后才有:

> 维我汉继五帝末流,接三代统[绝]业。周道废,秦拨去古文,焚灭诗书,故明堂石室金匮玉版图籍散乱。于是汉兴,萧何次律令,韩信申军法,张苍为章程,叔孙通定礼仪,则文学彬彬稍进,诗书往往闲出矣。自曹参荐盖公言黄老,而贾生、晁错明申、商,公孙弘以儒显,百年之间,天下遗文古事靡不毕集太史公。(《史记·太史公自序》)

由此可见史迁的大视野。周秦之变、秦汉之变和汉朝立朝以来的诸种学说,三重古今之变尽收眼底。此外,汉高祖、汉惠帝时的曹参代表黄老之学,文景时期的贾谊、晁错代表申商法家之学,武帝时期的公孙弘代表儒家之学;三者分别本于楚学、三晋之学和齐学,儒、墨、道、法四家均是在周文疲敝的背景下催生的,然而墨学于秦朝灭后,只剩下儒、道、法三学鼎立。

史迁直书乃父司马谈的《论六家要旨》,此处六家已归为三家,三种"务于治"的学问治世系统,也代表了自高祖以来不同历史时期的治世精神取向。三家之间,亦出现黄老与法家合作,以及儒家与法家合作的两条路线。"毕集太史公"的言下之意是,汉朝立朝以来的各种显要学说,史迁皆心中明了,"天不丧斯文"之所谓也("文王既没,斯文在兹")。史迁超越了父子之别(谈、迁之间的父子之别),记述了由立朝至立教的**大事因缘**,并呈示出新时期汉朝家法的特殊道路。

《诗》云:"靡不有初,鲜克有终。"凡事都有开始,但能善始者有几人最后善终?《史记》中征引这句话的春申君**黄歇**恰恰没有做到,而司马迁却说公孙弘做到了,因为他"习文法吏事"却能够"缘饰以儒术",今上天子竟然以为他"敦厚"(《史记·平津侯主父列传》),这样的人怎么会无法善终呢?反观司马迁,何其悲凉。对于更宏大的人世而言呢?《史记》五部分,每部分的开篇都是起点和规范,可以说是善始,然而结局呢? 停笔至汉武帝当朝,能够善终吗?

"人皆意有所郁结,不得通其道也,故述往事,思来者"(《史记·太史公自序》)。司马迁**目尽青天怀今古**,又岂是以一人得失谤议今上? 史迁继《春秋》而作,于立教一事,汉武帝岂非"真工大奸乃盗为之"(《史记·平准书》)? 有治国法术而盗取立教之名,"霸王道杂之"是武帝立教之后确立的汉家新传统,取王之名,用霸之实。导民以德并非一日之功,移风易俗然后才能民德归厚,然而武帝立教因其"内多欲而外施仁义",终究在立教一事上留下豁口。在漫长中世纪,黄帝和颛顼作为立朝与立教的模型,被秦朝和汉朝取代。秦朝立朝而不立教,终究二世而亡;汉朝立朝五代,终于完成了立教事业,却所托非人,岂不悲哉?

"太上立德,其次立功,再次立言。"史迁既不能立朝建立功业,又无法立教导民以德,只能立言("成一家之言"),传诸后世,裨益后来者。"君子居易以俟命",静待来时,坐待天明即可。《史记》有所残缺,司马贞(679—732)感叹"惜哉残缺,非才妄续",诚哉斯言,大哉斯言!然而,死生从古困英雄,孔子、史迁犹有竟时,德性损益虽百世可知,《春秋》《史记》终有所止,后事如何,当再有人续写……

主要参考文献

一 原 典

《论语》,杨伯峻译注,中华书局,2009年

《孟子》,杨伯峻译注,中华书局,2005年

陆贾,《新语》,王利器校注,中华书局,1986年

贾谊,《新书》,阎振益校注,中华书局,2000年

司马迁,《史记》,裴骃集解、司马贞索隐、张守节正义,中华书局,2014年

司马迁,《史记》,韩兆琦译注,中华书局,2010年

董仲舒,《春秋繁露》,朱永嘉、王知常注译,三民书局,2012年

桓宽,《盐铁论》,王利器校注,中华书局,2015年

刘向,《新序》,赵仲邑注,中华书局,2017年

扬雄,《法言》,韩敬注,中华书局,2012年

班固,《汉书》,颜师古注,中华书局,2017 年

刘勰,《文心雕龙》,黄霖整理集评,上海古籍出版社,2008 年

黄宗羲,《明夷待访录》,李广柏注译,三民书局,2014 年

顾炎武,《日知录》,陈垣校注,安徽大学出版社,2007 年

章学诚,《文史通义》,吕思勉评,上海古籍出版社,2012 年

二 论 著

陈苏镇,《汉代政治与〈春秋〉学》,中国广播电视出版社,2001 年

陈苏镇,《〈春秋〉与"汉道":两汉政治与政治文化研究》,中华书局,2011 年

陈桐生,《中国史官文化与〈史记〉》,汕头大学出版社,1993 年

顾颉刚,《五德终始说下的政治和历史》,载《顾颉刚全集》,第 2 册,中华书局,2010 年

韩兆琦,《史记笺证》,江西人民出版社,2004 年

洪涛,《心术与治道》,上海人民出版社,2013 年

拉铁摩尔,《中国的亚洲内陆边疆》,唐晓峰译,江苏人民出版社,2008 年

李开元,《汉帝国的建立与刘邦集团——军功受益阶层研究》,生活·读书·新知三联书店,2000 年

刘小枫,《重启古典诗学》,华夏出版社,2010 年

吕思勉,《秦汉史》,上海古籍出版社,1983 年

蒙文通,《蒙文通全集》,巴蜀书社,2015年

牟宗三,《历史哲学》,吉林出版集团有限责任公司,2016年

瞿同祖,《汉代社会结构》,邱立波译,上海人民出版社,2007年

饶宗颐,《中国史学上之正统论》,中华书局,2015年

徐复观,《两汉思想史》,华东师范大学出版社,2001年

熊十力,《中国历史讲话》,上海书店出版社,2008年

阎步克,《士大夫政治演生史稿》,北京大学出版社,1996年

杨联陞,《国史探微》,新星出版社,2005年

余英时,《史学、史家与时代》,广西师范大学出版社,2004年

余英时,《汉代贸易与扩张》,邬文玲等译,上海古籍出版社,2005年

张文江,《〈管锥编〉读解》,上海古籍出版社,2009年

张文江,《古典学术讲要》,上海古籍出版社,2010年

张文江,《〈史记·太史公自序〉讲记:外一篇》,上海文艺出版社,2015年

周振鹤,《西汉政区地理》,人民出版社,1987年

朱维铮,《中国经学史十讲》,复旦大学出版社,2002年

三　论　文

卜宪群,《秦制、楚制与汉制》,载《中国史研究》,1995年第1期,第45—53页

陈久金、陈美东,《从元光历谱及马王堆帛书天文资料试探颛

顼历问题》,载《中国古代天文文物论集》,文物出版社,1989年,第83—103页

何柄棣,《国史上的"大事因缘"解谜:从重建秦墨史实入手》,载氏著,《何炳棣思想制度史论》,范毅军、何汉威整理,台北联经出版事业股份有限公司,2013年,第331—384页

李埏,《太史公论庶人之富——读〈史记·货殖列传〉札记》,载《思想战线》,2002年第1期,第67—70页

李忠林,《秦至汉初(前246至前104)历法研究——以出土历简为中心》,载《中国史研究》,2012年第2期,第17—69页

罗新,《从萧曹为相看所谓"汉承秦制"》,载《北京大学学报》,1996年第5期,第79—86页

潘雨廷,《论〈史记〉的思想结构》,载氏著,《易学史丛论》,上海古籍出版社,2007年,第261—288页

阮芝生,《司马迁的史学方法与历史思想》,台湾大学博士论文,1973年

阮芝生,《论史记五体的体系关联》,载《台湾大学历史学报》,第7期(1980年12月),第1—30页

阮芝生,《货殖与礼义——〈史记·货殖列传〉析论》,载《台湾大学历史学报》,第19期(1996年),第1—49页

阮芝生,《司马迁之心——〈报任少卿书〉析论》,载《台湾大学历史学报》,第26期(2000年12月),第151—205页

唐如川,《秦至汉初一直行用〈颛顼历〉——对〈中国先秦史历表·秦、汉初朔闰表〉质疑》,载《自然科学史研究》,1990年第4期,第318—333页

田余庆,《论轮台诏》,载《历史研究》,1984年第2期,第3—20页

田余庆,《论张楚——关于"亡秦必楚"问题的探讨》,载《历史研究》,1989年第2期,第134—150页

周振鹤,《从"九州易俗"到"六合同风"——两汉风俗区划的变迁》,载《中国文化研究》,1997年冬季卷,第60—68页

索 引

(索引中的页码均为正文页码,不包括序言页码)

班固 11,15,37,117,148,150,163

比干 48,108

伯禽 62

布鲁姆 19

蔡邕 12,43,60

曹参 61,62,63,76,118,171

昌意 27,28

晁错 93,95,102,129,130,135,137,168,171

陈亮 50,105

陈平 79,80,93,147

陈涉 33,42,43,45,50,111,122,123,128,129,150,159

陈胜 45,50,53,58,105

陈余 43,155

蚩尤 23,24,107,108,163

楚汉之争 30,43,45,49,51,56,57,155,159

楚怀王 43,45

熊心 43

淳于越 34

戴震 125

德性标准 18,91,96,115—

116

邓通　152

狄山　124

董仲舒　4,5,9,11,103,119,
134,135,136,140,141,
142,145,164

　董子　5,136,145,164

窦太后　60,75,76,101,116,
117,118,119,121,136

窦婴　118

杜甫　13

杜周　124

法后王　75,160,161,162

法先王　160

范蠡　55,78,82

范增　43,77,79,151

封禅　11,21,25,40,54,81,
96,99,100,114,115,
117,126,138,139,140,
142,143,144,145,148,
150,153,163,166,169,
170

冯唐　60,93

冯王孙　60

夫差　78,82

扶苏　77,109,110,167

盖公　60,61,171

高起　30

革命　29,30,41,44,45,48,
49,52,56,104,106,108,
110,119,123,128,129,
159,169

公孙臣　99,100

公孙弘　120,121,124,128,
134,148,149,153,154,
162,167,171,172

公孙卿　137,141,142

功狗　49,85,128

功人　49,85

勾践　34,78,82

古今之变　4,5,6,7,13,14,
17,26,31,47,54,119,
131,132,144,145,146,
150,171

顾炎武　76

管子　115

管仲 115

灌婴 92,99,147

鲧 73

韩安国 137

韩非子 9,72,73,74,105,
　109,129

韩王信 137

韩信 30,50,52,137,155,
　171

汉高祖 29,31,41,42,50,
　52,53,54,55,56,57,58,
　59,60,61,62,63,64,66,
　72,84,85,86,87,90,91,
　93,94,99,101,105,106,
　111,112,114,115,116,
　118,119,120,126,129,
　134,136,137,138,140,
　141,145,151,152,154,
　155,162,171

　刘邦 29,30,41,42,43,
　　44,45,46,47,48,49,50,
　　51,52,53,54,55,56,57,
　　60,61,63,66,76,77,

　　86

汉惠帝 58,59,60,61,63,
　64,84,85,86,87,90,
　101,116,137,151,152,
　159

　刘盈 59

汉景帝 13,34,101,102,
　103,104,106,111,112,
　129,137,145,149,151,
　159

　刘启 13

汉文帝 13,34,76,85,86,
　87,88,89,90,91,92,93,
　94,95,96,97,98,99,
　100,101,102,103,111,
　112,114,116,118,126,
　133,137,139,145,149,
　151,152,171

　刘恒 13,86,87,133

汉武帝 2,4,5,6,10,13,
　14,15,18,20,31,34,39,
　58,60,66,101,112,113,
　115,116,117,118,119,

120, 121, 124, 125, 126, 128, 130, 131, 132, 133, 134, 135, 136, 137, 138, 139, 140, 141, 142, 143, 144, 145, 146, 147, 148, 149, 150, 151, 153, 155, 158, 159, 167, 168, 169, 172

刘彻 132

汉宣帝 10, 135

刘询 10

桓宽 135

桓谭 83, 100

黄帝 6, 7, 8, 13, 14, 20, 21, 22, 23, 24, 25, 26, 27, 28, 39, 60, 62, 65, 66, 68, 69, 75, 76, 77, 79, 80, 101, 103, 104, 107, 108, 109, 110, 137, 142, 143, 144, 145, 150, 159, 163, 168, 170, 173

轩辕 21, 23, 24, 80, 157

黄老 13, 14, 21, 25, 29, 55, 60, 61, 64, 65, 68, 69, 70, 74, 75, 76, 77, 80, 84, 85, 87, 89, 91, 92, 99, 101, 103, 104, 106, 116, 117, 118, 119, 124, 132, 136, 140, 141, 145, 149, 171, 172

黄生 103, 104, 105, 106, 107, 109, 110, 119, 123

黄歇 172

黄宗羲 38, 97, 125

箕子 48, 108

吉本 17

汲黯 124, 149, 154, 167

季布 170, 171

贾谊 36, 91, 92, 93, 96, 99, 100, 101, 102, 115, 123, 133, 137, 146, 171

桀 43, 48, 57, 80, 81, 104, 107, 110, 111, 128, 155

柯维骐 154

孔子 3, 7, 8, 9, 12, 13, 26, 27, 28, 33, 37, 38, 50, 66, 67, 74, 85, 96, 107, 115,

121,122,123,128,129,
150,152,154,156,157,
158,159,163,164,165,
167,169,170,173

喾 27,28,143

蒯通 60,155

老子 24,27,60,65,66,67,
68,69,70,71,74,75,76,
77,79,80,85,101,117,
133,136,150,153

乐臣公 60,61

李伯重 127 注①

李景星 28

李陵 36,60,143

李梦阳 143

李商隐 47

李少翁 139

李斯 34,35,77,109,110,
160,170

郦食其 55

刘安 130,131,132,133,
134,135,136

刘德 131

刘肥 61

刘荣 131

刘襄 86

刘向 100,148

刘勰 6,14,146

刘长 86,94,95,96,132,
133

刘知幾 14

柳宗元 49,52

六经 14

娄敬 47,48

刘敬 47,51,104,137,
162

鲁迅 21,43

陆贾 50,55,56,57,58,72,
85,91,100,115,145,
147

陆游 50

吕不韦 132

吕后 31,52,59,60,61,63,
64,72,75,76,77,79,84,
85,86,87,100,101,106,
115,116,118,145,149,

151
吕尚 24,62,78
姜太公 24,62,63,79
马基雅维利 8
毛泽东 2,18,55,89,102,147
蒙恬 35,36,77,110
蒙文通 37,70,119
孟子 7,9,27,68,83,104,127,153,156,157,158,160,170
潘雨廷 25,142,143,167
彭越 52
批法评儒 18,117
评法批儒 18
钱锺书 12,144
秦楚之际 42,46,48,51,159
秦德 13,39,99
秦二世 36,77,110,145,160
　胡亥 36,77,109,170
秦汉之变 3,7,13,30,37,39,41,42,58,62,106,129,171
秦始皇 2,14,30,31,34,35,36,37,40,41,46,51,53,54,77,109,111,132,138,140,143,144,145,169
　嬴政 2,39,40
秦孝公 74,82,168
屈原 11,91,92,165,170
芮良夫 95
塞侯 153
三代 6,9,25,32,35,38,39,47,66,67,68,83,87,107,109,126,140,142,147,152,159,166,171
　三代以上 31
三代以下 38
三代之治 3
三王 4,7,32,34,35,40,57,68,74,83,126,131,142,150,158,160,169,170
桑弘羊 135,168

商容　48

商鞅　74,82,168

申不害　68,73

申屠嘉　112

神农氏　6,21,23,157

慎到　60,69

石奋　118

石建　118

石庆　118,153

叔孙通　47,50,51,55,84,
　104,137,162,171

水德　13,39,40,41,42,53,
　54,99,100,116,140,
　141,145,162

舜　4,18,22,25,28,57,71,
　72,73,76,98,109,130,
　143,158,166

司马光　46

司马谈　22,70,118,119,
　138,140,171

司马相如　21,112

司马贞　173

苏东坡　168

苏秦　117

素王　50,123,128,129,150,
　158,164

孙宝瑄　67

太初历　13,141

谭嗣同　2,169

汤　48,56,73,80,81,104,
　106,107,108,109,110,
　111,123,128,129,130,
　140,158,166

汤武革命　48

韬略　87,88,89,149

天人之际　4,5,12,13,14,
　119,126,131,132,138,
　139,148

田蚡　118,119

田叔　60,61

田文　50

土德　13,14,20,24,25,39,
　41,53,99,116,141,142,
　144,145,150

王勃　60

王充　36

王夫之 89
王吉 10
王陵 30
王心 4
王允 12
王臧 118,148
微子 7,34,108,123
卫青 155
卫绾 103
魏明帝 12
　曹叡 12
沃格林 157
吴起 50,81,82,83,157,162
五帝 3,4,6,7,14,20,21,22,31,35,57,67,74,144,160,163,171
五行 25
伍子胥 82
献文帝 89,149
　拓跋弘 89
项梁 43
项羽 29,30,31,42,43,44,45,46,47,48,52,56,64,77,79,92,151,155,171
萧何 30,49,50,51,52,61,62,85,154,155,171
辛弃疾 18
新君主 7,24,36,40,50,87,90,93,117,142,161,169
新垣平 60,100,101,139
修昔底德 15,16,17
徐乐 58
许行 70
许世友 92
玄嚣 27
荀子 9,73,126,166
　荀卿 69,127,157
严安 58
颜回 27
颜师古 142
扬雄 58,148
杨朱 10
尧 9,18,22,25,27,57,71,73,76,109,130,143,

158,166

一家之言 6,12,167,170,173

阴谋 24,75,77,78,79,80,82,83,86,87,107,108,110,132,133,135,136

殷周之变 22,103

于右任 21

禹 34,73,81,108,109,130,140,158

袁盎 93,95

辕固生 103,104,105,106,107,109,110,119,120,123,148

詹姆斯一世 5

张苍 9,41,50,51,53,99,100,140,171

张耳 43,155

张良 30,47,48,49,52,54

张释之 60,93

张汤 124,134,149

张仪 70,117

章学诚 15

召公 7,33,109

 姬奭 7

赵高 36,77,109,110,160,170

赵佗 85

赵绾 118,148

正德 104,106,108,109,110,111

正位 104,105,106,107,109,110,111

钟叔河 2

周勃 34,92,93,99,147

周成王 34,80,138

 姬诵 80

周公 7,33,62,72,109,123,130,156,157,158,167

 姬旦 7

周厉王 7,95,136

周秦之变 7,13,30,31,37,38,39,41,58,116,129,146,171

周文 146,153,168,171

周文王 4,24,79,103,105,

108,130

姬昌 78,105

周武王 47,48,82,103,107,108,109,130,150,151,158

周幽王 7,136

周召共和 7,159

周制 47,51,52

纣 47,48,57,81,82,104,105,108,110,111,128,155

主父 11,58,124,134,147,149,154,167,172

主父偃 60,133

颛顼 7,8,13,27,28,51,99,141,143,173

颛顼历 51

庄子 8,66,67,68,69,70,136

子贡 27

子夏 8

子婴 36,47,71,77

子张 26

邹衍 25,40

后　记

洪迈(1123—1202)指出秦、隋二朝被后世诟病，未必因为它们太过不堪，还有一层原因，是它们紧随其后的汉朝和唐朝都"享国久长"，相较之下，显得秦、隋这两个朝代很糟糕(《容斋随笔·秦隋之恶》)。长短比较，固然有其道理；但更重要的差异或许在于秦、隋两朝都是纷繁战局的终结者，完成了立朝的事业，原本承载了历史寄托，却迅速重蹈覆辙，留待它们身后的汉、唐两朝才完成立教的事业。如饶宗颐先生(1917—2018)所示，正统之"正"(立教)比"统"(立朝)更重要，无奈历代正统论大多着眼于"统"。

汉朝一改黄老之学与汉初祖制，转向以法立国、以儒文明的政制安排；唐朝一改以往的进身之制，开创科举，以制度化的方式将士子身心收入彀中。汉、唐在经学和制度两方面的事业拓展，为此后直至今日的中国文教事业提供了核心要素,虽然经学及其制度已经被打散,但一些义理已经化作日用而不知的生活要素。文教事业这三重面向,不可不察。

1936年,毛泽东经过长征到达陕北,创作了《沁园春·雪》,感叹江山多娇,回望中古君主,"惜秦皇汉武,略输文采;唐宗宋祖,稍逊风骚。一代天骄,成吉思汗,只识弯弓射大雕"。毛泽东评点了秦始皇、汉武帝、唐太宗、宋太祖和元太祖五人,指出了他们的缺陷,无疑都指向**文教**问题。**冯至先生(1905—1993)**曾诗云:"我们走过的城市、山川,都化成了我们的生命"(《我们站立在高高的山巅》)。无怪乎,经历过漫长中世纪和二十世纪数次大革命的我们,面对文教的故事并不陌生。

犹太人面临着"保国"、"保种"、"保教"的问题;晚清先进士人面临前所未有的变局,也提出了同样的问题,看来在**思考国是**上,犹太人问题和中国人问题在这三个层面相遇:国、种和教。"中华人民共和国"的构词在某种意义上可以说是从这三个层面来讲的("人民"作为一种"教"来自于马克思《论犹太人问题》中所呈现的解放全人类的教义)。中国近代以来遭遇的这三个层面的问题,延绵至今。这本小书就是在这一思想脉冲下完成的。

数年前,我在业师**邱立波先生**指导下完成一篇小文,当时落笔总结说全文皆是邱师学思之注脚,今日这本小书当然也没有逃出邱师为我规范的学人心性和问题意识;原来今日的思考早在数年前邱师为我讲解班马异同时就已埋下伏笔。

本书还在扩充时,邱师的《礼法与国体:两汉政治的历史与经验》问世(中央编译出版社,2018年),不禁感慨师徒学缘殊胜。业师**许振洲先生**行无为之教正是无违我业已确立的学问品性,时至今日方知当时许师是在潜移默化地让我习练收束之功,可惜而今才理解这番良苦用心;他早年研究法家,可惜我不通法语,无法阅读他用法语撰写的《中国法家的统治艺术》(*L'Art de la Politique chez les Légistes Chinois*, 1995),许师晚近研究共和国史的一身工夫,我也未能吸收一二,否则这本小书可能会有另外的境界。

刘小枫先生让我见识到成德者如何提携年轻后学,本书大纲正是在小枫先生的点拨下才得以成型,若没有小枫先生的鼓励,这本小书也断不能成。十七年前,小枫先生曾以述为作,撰文《司马迁是政治哲学家?》(载《二十一世纪》,2001年2月),十七年过去了,不知道司马迁研究的路线有没有受此影响而引发转变;十七年后的今日,这本小书若能呼应那篇文章则是莫大之幸——毕竟,这本小书的许多观点背后都是小枫先生的"幽灵"(当然,文责自负)。这些年,若没有几位贤师相伴,真不知道该如何度过。

在本书大纲以《立教时刻的史家笔法》刊发(载《天府新论》,2018年第2期)前后,**刘训练先生**、**任锋先生**和**唐文明先生**都曾提供无私的帮助,为我最终完成这部小书增添了信心。**娄林**兄和**顾枝鹰**兄为本书正标题提供了漂亮的拉丁文和希腊文翻译。从定稿到问世,若没有**彭文曼**编辑的辛勤劳动,本书也无法这么快问世。谨此一并致谢。

本书力图以司马迁"成一家之言"的当代观察贯通"天人之际"和"古今之变"的理解,当然也因此始终存在将司马迁看小的危险和疑虑。全书除引言外,共六章,其中四章都分别有三节篇幅,唯有论黄帝一章仅两节,论武帝一章则占四节,显然是武帝一章偷走了黄帝的一节。关于《史记》五部分的篇章安排,本书也提供了某种思考,穿插在书中,留待细心的读者挖掘。

修改书稿的夜深时分,曾经一度翻读北岛的《时间的玫瑰》,用读诗的意境来消解读史的疲乏,其中写到俄国诗人涅克拉索夫(1821—1878)的一句诗:"我泪水涔涔,却不是为了个人的不幸。"这不也正是司马迁下笔时几度哽咽的独白吗?所谓"情深而文明"(《礼记·乐记》,《史记·乐书》)的文教理想,怎能不为之神往?

下笔至此,想到几年前编译的一本小册子,其中一句话令我至今难忘——哈钦斯(Robert Hutchins, 1899—1977)曾经说:"一个没有经验又未开化的强国,会是世界和平的一大威胁……未开化的政治权力是危险的,未开化的闲暇是堕落的,也会是危险的"(《大学与博雅教育》,华夏出版社,2015年)。

本成果受北京外国语大学一流学科建设科研项目资助。这本以专著面貌问世的小书,着实是一篇关于《史记》的读书报告。写作本书,原不在研究计划之列,可谓迷失了正路。

为了记下阅读文字、探寻幽暗的摸索过程,前后又花费了近一年时间将心海中的琐思排列组合,落成文字。2017年夏秋之际,辗转于贵阳花溪与乐山峨眉山之间,初创草稿;2018年惊蛰书稿始成,又经春分、大暑,往返于京津宁路上,我在行将奔赴长春净月潭之前成稿。从西南到东北,书中所记,当然可以看到时代的印记,也有个人的颠簸,不免有生疏浅陋之处。

"慎终追远,民德归厚矣",说得恐怕不只是应当注意逝者的丧葬之礼,还在于如何对待故事和传统及作为它们承载者的古人和古书。走进两千年前《史记》幽暗昏惑的文字森林,有了这本小书作为纪念。但在研讨立国与立教这一问题线索上,许多思考并未因此结束,反倒**刚刚开始**。

董成龙
2018年8月7日
戊戌年立秋定稿于魏公村

图书在版编目(CIP)数据

武帝文教与史家笔法/董成龙著.
--上海:华东师范大学出版社,2019
ISBN 978-7-5675-8503-4

Ⅰ.①武… Ⅱ.①董… Ⅲ.①中国历史—古代史—纪传体
②《史记》—研究 Ⅳ.①K204.2

中国版本图书馆 CIP 数据核字(2018)第 253894 号

华东师范大学出版社六点分社
企划人 倪为国

本书著作权、版式和装帧设计受世界版权公约和中华人民共和国著作权法保护

六点评论
武帝文教与史家笔法
——《史记》中高祖立朝至武帝立教的大事因缘

著 者	董成龙
责任编辑	彭文曼
封面设计	卢晓红
出版发行	华东师范大学出版社
社 址	上海市中山北路3663号 邮编 200062
网 址	www.ecnupress.com.cn
电 话	021-60821666 行政传真 021-62572105
客服电话	021-62865537 门市(邮购)电话 021-62869887
地 址	上海市中山北路3663号华东师范大学校内先锋路口
网 店	http://hdsdcbs.tmall.com
印 刷 者	上海盛隆印务有限公司
开 本	889×1194 1/32
印 张	8.625
字 数	150千字
版 次	2019年2月第1版
印 次	2019年2月第1次
书 号	ISBN 978-7-5675-8503-4/B·1160
定 价	58.00元
出 版 人	王 焰

(如发现本版图书有印订质量问题,请寄回本社客服中心调换或电话021-62865537联系)